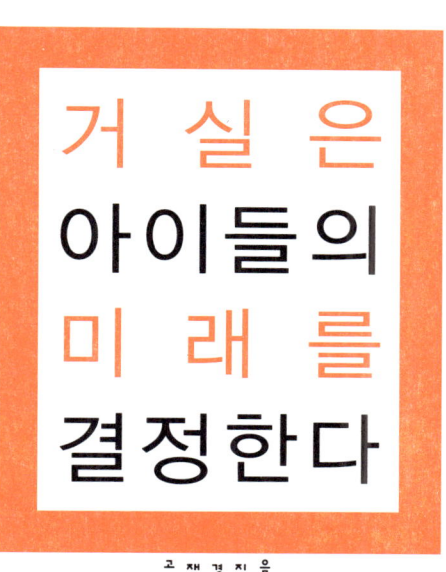

거실은 아이들의 미래를 결정한다

고재경 지음

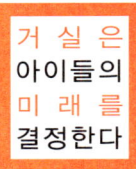
거실은
아이들의
미래를
결정한다

2016년 4월 1일 1판 1쇄

지은이| 고재경
발행인| 지명자
발행처| 시크릿폰드(Secret Pond)
　　　　cafe.naver.com/secretpond
등록번호| 제2011-000036호, 2009 11. 27
주소| 대한민국 대구광역시 수성구 동원로 89-1
전화| 053-294-5965
팩스| 053-289-5965

ISBN| 978-89-963543-7-6 (13370)

값 11,000원
잘못된 책은 바꾸어 드립니다.

이 도서의 국립중앙도서관 출판예정도서목록(CIP)은 서지정보유통지원시스템 홈페이지
(http://seoji.nl.go.kr)와 국가자료공동목록시스템(http://www.nl.go.kr/kolisnet)에서 이용
하실 수 있습니다.(CIP제어번호: CIP2016001390)

거 실 은
아이들의
미 래 를
결정한다

거실은 아이들의 미래를 결정한다

C O N T E N T S

prologue | 나는 쿨한 부모가… 될 줄 알았다 9

딜레마대!
재앙이 되어버린 거실공부
난, 정말, 멋지고, 쿨한 부모가 될 줄 알았다
거실은 아이들의 미래를 결정한다

chapter 1 | 거실공부가 위험한 이유

감정적으로 너무 가깝다 20
아이들을 소유로 인식한다 23
감정의 엄마들 26
무원칙주의 30
육체와 영혼을 마비시키는 엄마의 3단 고음 잔소리 33
모든 것을 단정지어버리는 말투 37
숨 쉴 공간이 있는 단어를 사용하자
엄마의 팔랑귀 ; 기다려 주지 못하는 엄마들 40
비난하는 부모 44
비교하는 부모 47
비약하는 부모 50
소리를 지른다 53
우리 아이는 완벽해야 해! 56
미안해, 네가 노는 꼴을 못 보겠어! 60
무엇을 하든 간섭하지 말라
이걸 어떻게 모를 수 있니? 64
질문을 잘 받아주어야 한다
성적에 너무 민감하다 68

chapter 2 | 안전하고 행복한 거실공부를 위한 부모의 연습

있는 그대로, 생긴 그대로 76
아이들은 다양하다
부모와 다르다
인정해야 할 부분과 가르쳐야 할 부분

아빠 바꾸기 연습 80
곧장 귀가하기
술 줄이고 담배 끊기
나 홀로 취미 줄이기
욕하지 않기
귀차니즘 극복하기
TV 끊기
아빠가 진짜 포기해야 하는 것

경청연습 91

공감연습 96

말하기 연습 100
잔소리가 아닌 대화하기
I-메시지로 피드백하기
화내는 것과 혼내는 것 구분하기
다정하지만 단호하게 말하기
사건에 집중하래
괜찮다고 말해주기
칭찬 제대로 하기

chapter 3 | 안전하고 행복한 거실공부를 위한 환경 만들기

전격 TV제거 작전! 118

거실을 공부하고 싶은 공간으로 바꾸기 121
오디오 시스템이 필요한 이유
프로젝터가 있으면 금상첨화
양날의 칼, 컴퓨터와 인터넷
새로운 복병, 스마트폰
화이트보드, 생각보다 요긴해요
기타

각종 콘텐츠의 구축 130
책
DVD타이틀
다큐멘터리의 활용
영어 리스닝을 위한 오디오 파일 DIY
기타

아이들 방과 거실의 정체성 139

chapter 4 | 거실공부, 그 소중한 시간과 공간

거실공부를 위한 열정, 그리고 기준 144
원칙을 세우자
감정은 허용하고 행동은 통제할 것

꽃보다 시간 관리 151
학기 중 시간 관리
시험대비 시간 관리
방학 중 시간 관리

학기 중 시간 관리 155
〈위클리플랜〉의 활용
공부하라는 잔소리 대신 〈위클리플랜〉을 활용하자!
〈데일리리뷰〉의 활용

하루 학습 관리 162
아침 시간
학교 수업 시간
오후 5시부터 저녁식사 전까지
저녁 9시부터

거실공부의 운영 166
시작 알림 의식
〈데일리리뷰〉 확인(복습 확인)
스스로숙제 하기

스스로숙제 ; 수학 171
수학을 어떻게 봐주지?
수학풀이노트 관리
수학풀이노트는 일종의 트로피다
수학문제풀이와 컴퓨터게임 연동하기

스스로숙제 ; 글쓰기 176
작문노트의 관리
독후감 쓰기
신문기사를 이용한 글쓰기

스스로숙제 ; 영어 182
리스닝, listening
영어독해, reading and comprehension
영어문법, grammar
영어단어, vocabulary

학교시험 대비 190
시험결과 보다는 시험대비 과정을 함께 하라
시험대비가 다 되었다는 기준을 분명히 설정하라
잔소리 대신 양식을 주라
〈샘플래너〉 활용하기
시험에 임하는 부모의 자세
시험 대비를 축제처럼

방학 기간 시간 관리   205
방학에 대처하는 우리의 자세
너무 많은 학원 특강은 독이다
생각 없이 놀리면 확실히 망한다
장기적인 관점에서 방학계획을 세우라
스스로숙제의 양을 늘리고 목표를 설정하라
〈방학플래너〉의 작성과 활용

주말 프로그램   215

chapter 5 | 문제해결

몇 가지 오해들   220
거실공부를 할 상황이 아니다
학원은 절대 보내지 않는다
모든 것을 가르친다
사사건건 간섭한다
다른 교육을 무시한다
언제까지 해야 하나

시행착오 극복하기   225
잘 지켜지지 않는다
자꾸 소리를 지르게 된다
잔소리만 느는 것 같다
확인하는 것이 간섭처럼 느껴진다
아이들이 너무 바쁘다
거실이 학원 같아진다

좋은 점들, 미처 기대하지 않았던   229
아이들의 말문이 트인다
집안에 퍼지는 열공 분위기
사교육 지출이 준다
포기되었던 아빠의 시간이 행복으로 채워진다
아이들이 부모를 존경한다

제안, 그리고 아이디어   234
가족 신문, 가족 문집, 가족 블로그를 만들어보자
가족 박물관을 만들어보자
조부모의 전기를 만들어보자

epilogue | 이 거실을 기억하기를… 238
appendix | 양식모음

p r o l o g u e

나는 쿨cool 한 부모가… 될 줄 알았다

수영장 바깥에 서 있던 나는, 수영에 서툰 사람이 허우적대는 것을 보면서, '왜 저것 밖에 못할까', '왜 팔을 저렇게 휘젓고 있을까', '나라면 저것보다는 잘 할 텐데'라며 쉽게 판단하곤 했었다.
그런데 내가 직접 물속으로 들어가자 상황은 완전히 달라져 버렸다. 입으로, 코로, 정신없이 들이닥치는 물 때문에 호흡곤란이 생기자, 내가 어떠한 상황에 있는지 생각할 겨를이 없어졌다. 그저 죽기 살기로 온 몸을 휘저어야 했다. 내가 수영장 바깥에서 비웃으며 평가했던, 수영에 미숙한 사람들과 똑같이 되어버린 것이다. 그저 혼란스러운 물 속 풍경과, 내 몸의 일부, 휙 거리며 빠르게 지나가는 물의 흐름과 바깥 풍경들이 뭉개져서 보일 뿐이었다.

그래도 나는, 그때까지도 정말 멋지고, 쿨한 부모가 될 줄 알았다.

딜레마!

딸아이에게 물었다.

"학원가는 것이 좋으니?"

당시 초등학교 4학년이었던 아이는 거의 울상을 지으며 고개를 저었다. 아이의 절망적인 얼굴을 보니 한숨이 절로 나왔다. 또래보다 수학이 뒤처진다는 소리에 무리하게 수학전문학원에 보낸 것이 화근이었던 것일까. 시간 맞춰 학원가고, 보강 듣고, 시험치고, 시험 못 치면 재시치고, 온라인 숙제하고…. 초등학교 4학년짜리가 감당하기에는 너무나 벅찼을 것이다. 아이는 그 압박에 대한 저항을 '무언(無言)'으로 표현했다. 점점 말이 없어지고, 주눅이 들어 보였다. 같은 반 친구들은 다 이해하는 내용을 자신만 모르니 당연할 것이다.

"그럼 가지 마."

이렇게 말하자 옆에 있던 아내가 나와 아이를 동시에 다그치기 시작했다. 그녀의 눈동자는 말투만큼이나 빠르게 좌우로 왔다 갔다 하고 있었다.

"자기야, 정말로 안 보낼 거야? 너 정말 학원 안 다닐 거니? 나중에 (성적 떨어져도) 후회하지 마! 알았어?"

그러자 아이는 이내 또 불안해져서 어쩔 줄 몰라 하기 시작했다. 뭔가를 더 입 밖으로 쏟아내려는 아내를 아이와 멀찍이 격리시키고는 다시 아이 곁으로 돌아왔다. 아이는 엄마가 사라진 쪽을 계속 쳐다보았다. 더 깊은 한숨이 몰려 나왔다. 이건 아니라고 생각했다. 중요한 것은 이게 아니지 않는가. 아이가 행복한 것이 최우선이지 않는가. 그것 때문에 공부도 하는 것이고, 학원도 다니는 것인데. 불안감을 조성해가면서까지 보내야 할 만 한 가치가 학원에는 없다고 생각했다.

"됐어. 가지 마. 이제 안 가도 돼. 불안해하지 않아도 돼."

하지만 여전히 아이의 눈에는 불안함이 역력했다. 저 불안한 눈빛. 낯이 익다. 자신의 한계를 훌쩍 뛰어넘는 일에 부닥쳤을 때 느껴지던 절망감, 그것이었다. 버스를 잘못 타 어느 낯선 곳에 내렸을 때, 숙제를 하나도 안했다는 사실을 깨달았던 어느 날 아침, 종료시간이 5분밖에 남지 않았는데 풀지 못한 주관식 문제가 반 페이지 넘게 남은 수학 시험지를 보고 있을 때…, 그때마다 가슴 깊이 짓누르던 어떤 압박감. 순간, 아이가 느꼈을 거의 공포에 가까운 막막함이 절절히 내 가슴으로 밀려 들어왔던 것 같았다. 콧등이 시큰거렸다. 아이가 행복한 삶을 살기 위해 공부를 열심히 해야 하는 것은 알겠지만, 그러한 공부 때문에 오히려 아이의 삶이 불행하다면 그것은 정말 난센스라는 생각이 들었다.
그날로 학원을 중단했다. 그때 나는, 적어도 나는, 그래도 나는, 참 좋은 아빠라고 생각하고 있었다. 그것이 위선이었다는 것을 깨닫는 데는 그리 오래 걸리지 않았다.

"그럼 대책이라도 있어? 학원 안 보낼 거야?"

아내가 다시금 다그쳤다. 대책? 대책은 당연히 없었다. 단지, 아이의 절망스러운 눈빛을 보고 싶지 않았을 뿐이었다. 남자들이 다 그렇지 않은가. 당장의 혼돈을 회피하려는 비겁한 마음. 학원에 대한 미련도 없지는 않았지만 내 결정을 나는 신뢰했다. 그런 신뢰의 기저에 불순한 욕망이 웅크리고 있었다는 것을 그때는 몰랐다.

'해피엔딩'의 욕망, 바로 그것이다. 학원을 끊었더니 아이가 오히려 스스로 공부하기를 원했고, 잘 알아서 하더라. 성적이 올랐고 결국 명문대학에 합격 했다더라 같은. 온 국민이, 특히 교육당국이 원하는, 그리고 주요 일간지의 교육 섹션지에 단골로 등장하는, 뻔하고도 진부하지만 완전 공감하고 싶어 하고 경험하고 싶어 하는, 그런 엔딩의 스토리 말이다.

하지만 현실은 이렇다. 명문학교 입학이 '엔딩'은 아니라는 것이다. 그것은 또 다른 고난으로 향하는 프리퀄prequel일 수 있다. 아이들을 키우는 데 있어서 '해피'는 있을 수 있지만 '엔딩'은 있을 수 없다.

그리고 학원 다니지 않고 집에 있으면 대부분의 평범한 아이들은 공부하지 않는다. 공부하지 않으면 성적은 떨어지기 마련이다. 학원 다니는 아이들보다 뒤처지는 것은 당연하다. 그것이 이치다. 사교육이 효과가 없다는 사실을 수많은 연구결과와 인터뷰로 아무리 중언하더라도, 결과적으로 사교육이 발달해 있는 서울 강남3구, 대구 수성구의 SKY대 진학률이 다른 지역보다 높다는 것은 명백한 사실이다. 계획적이고도 주도면밀하게 이루어진 사교육으로 다져진 아이들을, 순진하게 학교교육만 충실히 받은 아이가 당해낸다는 것은, 과거에는 가능했을지는 모르겠지만 현재는 현실적으로 힘들다.

'자기주도학습?' 지극히 맞는 말이긴 하다. 공부는 자기가 주도해서 해야 한다. 하지만 우리의 일반적이고도 착하기만 한 아이들은 '자기주도학습'을 '자기주도적'으로 하지 못한다. 더군다나 현재 우리나라의 교과서와 학교 시험의 수준은 아이들이 자기주도로 감당하기에는 너무나 어렵다.

어떻게 보면 '자기주도학습'이란 것은 그 실체가 없을 지도 모른다. 혼자 내버려 두어도 잘하는 일부 아이들의 특별한 사례를 짜깁기해서 도출해 낸, 지독한 일반화 오류를 범하고 있는 위험한 신기루에 가깝다.

그리고 결국, 우리 아이는 아주 보기 좋게 뒤처지기 시작했다.

재앙이 되어버린 거실공부

그래서 집에서 아이들과 공부 할 수밖에 없었다. 딴에는 어디서 본 것이 있어서 거실에 책장과 탁자를 들여놓고, 별일 없으면 바로 퇴근해서 아이들과 함께 시간을 보냈다. 내가 가르칠 수 있는 것은 가르쳤다. 그리고 나는 아이들을 학원에 보내지 않고 집에서 가르치는, 정말 멋지고, 쿨한 아빠인 줄 알았다. 하지만 그렇게 얼떨결에 시작한 거실공부는 재앙이 되어 버렸다.

우리 아이가 학원에 부적응했다는 사실, 그리 뛰어난 재능과 지적 능력을 가지고 있지 않다는 사실, 학교에서도 두각을 나타내지 못한다는 사실, 인사성 밝은 것 빼고는 뭐 하나 딱히 내세울 것이 없다는 눈앞의 현실 앞에서, 나는 나도 모르는 분노를 가지고 있었던 것 같았다. 그것은 아이를 대할 때 때로는 노골적으로, 때로는 암묵적으로 표시가 나기 시작했다. 그 중 하나는 소리를 지르는 것으로 표현되었다.

"넌 이것도 몰라? 집중 안 할래?"

(내 기준으로 볼 때) 아주 쉬운 수학 문제 앞에서도 쩔쩔 매는 아이한테 너무 화가 났던 것이다. 아이는 두려움이 가득 찬 얼굴로 분노로 일그러진 나의 얼굴을 쳐다보았다. 아이의 머릿속이 아예 정지한 듯, 멍한 눈망울이 얼굴에 한 가득 고였다. 그것은 더욱 나를 화나게 만들었다. 언성이 더 높아졌다. 그때부터 아이는 아주 쉬운 질문에도 더듬거리기 시작했다. 거의 없었던 인내심조차 바닥이 나자, 소리를 지르면서 동시에 문제집을 집어 던지고 말았다. 아내는 "지금 뭐 하는 거냐?"고 같이 소리를 질렀다. 아이의 공부를 가르치다가 우리 부부는 서로 소리를 질러댔다. 아이는 말없이 눈물만 흘리고 있었다. 그때부터, 아이는, 말이, 없어졌다.

난, 정말, 멋지고, 쿨한 부모가 될 줄 알았다

내가 왜 그렇게 화를 냈을까. 배우는 과정에 있는 아이는 모르는 것이 당연하다. 한 번 들어서 아는 경우가 드물다. 몇 번이고 반복해야 이해가 된다. 내가 어릴 때도 그랬다. 아무리 생각해도 이해 안 되는 것이 있다. 그것을 반복하고 익혀서 알아가는 것이 배움의 과정이다. 우리 아이에게 죄가 있다면, 그건 평범한 아이라는 사실 뿐이었다. 그것이 나의 소리 지름과 가시 돋친 미움의 대가라고 하기에는 너무 혹독했다는 사실을 그때는 왜 깨닫지 못했을까.

실로 나는 물속에서 허우적대고 있었다. 아무 것도 보이지가 않았다. 그저 분노와 실망과 당혹스러움이 마치 냄새나는 수영장 물처럼 내 온 감각기관으로 밀려들어오고 있었다. 공부 잘 하는 아이를 둔 부모들은 모두 물 밖에 서서 나를 보며 비웃고 있는 것 같았다. 그럴수록 숨은 막혔고, 사지가 뻣뻣해졌으며, 온 몸에 쓸데없는 힘이 들어가니 심연으로 가라앉기만 했다. 탈출구가 절실했지만 보이지 않았다. 완벽한 딜레마였다.

그때까지 읽었던 그 수많은 교육방법론들, 학습법들, 저마다 난 이렇게 공부 잘해서 좋은 대학교 들어갔다고 자랑하는 공부교(敎) 간증서들, 유명 강사, 유명 교수의 그 많고 많은 책들은 내게, 또 우리아이에게는 완전히 쓰레기에 불과했다.

하지만 그렇다고 거실공부를 멈출 수는 없었다. 거실공부 말고는 다른 대안이 없었기 때문이었다. 첫째는 학원에 적응하지 못했고, 둘째는 학원을 거부했다. 그것도 아주 단호하게! 설상가상(雪上加霜), 점입가경(漸入佳境)이었다. 따라서 내가 할 수 있는 것이라고는 거실공부의 의미와 목적을 수정하는 것뿐이었다.

'거실공부를 통해서 무엇인가를 이루려고 하지 말자.'
'그 시간 자체를 즐기자.'
'그 시간을 가질 수 있다는 사실에 감사하자.'
'아이들의 학교성적이 좋아지면 좋겠지만 그러지 않아도 상관없다.'
'성장해야 하는 것은 아이들뿐만 아니라 부모인 나 자신이다.'

거실은 아이들의 미래를 결정한다

여러분들의 거실은 어떤가. 늘 고성과 비난이 날아다니는, 항상 TV가 켜져 있고, 저마다 스마트폰만 들여다보고 있는, 그리고 아빠는 항상 투명인간으로 존재하는 그런 공간인가.

우리나라의 대책 없는 공교육과 장삿속이 훤히 보이는 사교육과, 변화무쌍함과 무책임의 극치를 달리는 교육정책을 비난하기 전에, 우리 부모는 집의 중심 공간인 거실이 어떤 풍경인지를 돌아보고 점검하고 바로 잡아야 한다.

거실은 집안의 전통을 잡아나가는 공간이어야 한다. 부모(특히 아빠)는 항상 그 중심에 있어야 한다. 열렬한 독서와 진정한 의미의 공부, 건강한 토론과 공감어린 대화로 가득차야 한다.

그리고 가장 중요한 것은, 아이들이 그런 거실을 좋아해야 한다는 것이다. 낯선 독서실이나 학원 자습실보다는 집의 거실에서 공부가 더 잘 되어야 한다. 부모는 그런 거실이 되도록 꾸준히 연구하고 고민하고 실천해야 한다.

이 책은 그런 거실, 즉, 평화롭고 안전하며, 지적토론과 영적대화가 난무하는 그런 거실을 만들기 위해 시도했던 모든 과정과 방법에 대한 기록이다. 동시에 시행착오의 반성이기도 하다. 여러분들의 상황이나 여건에 맞게 취사선택하시라. 건투를 빈다.

고재경

즉흥적인 거실공부는 위험하다.
거실에서는 아이들의 부족한 부분이 그대로 적나라하게 보이기 때문이다.
부모는 그것을 무던히 넘겨야 거실이 평화로워진다.
그러지 못하면
날카롭고 뾰족한 바늘 같은 잔소리가 아이에게 쏟아지게 되고,
아이들은 거실을 끔찍한 공간으로 받아들이게 될 것이다.
그렇게 되면 거실공부는 불가능하다.
거실공부가 위험한 이유는
대부분 부모의 문제다.

감정적으로 너무 가깝다

거실공부를 하다가 부모는 아이와 자주 싸운다. 그 수많은 이유 중에서 가장 명백한 것은, 그 아이들이 우리 아이들이라는 사실 때문이다. 만약 친 자식이 아니라 옆집 아이들이었다면 절대 싸우지 않을 것이다. 장담한다. 문제는 우리 아이들이라는 사실이고, 그들과 감정적으로 너무 가깝다는데 있다. 감정적인 반응은 서로에게 상처를 쉽게 남긴다. 누구를 사랑하지 않으면 소위 '쿨'할 수 있지만 사랑하게 되면 그럴 수 없는 것이 사람의 마음이듯이.

두 개의 음정이 아름다운 화음이 되기 위해서는 적절한 거리를 유지해야 한다. 너무 가까이 붙어버리면 불협화음이 되거나, 음이 겹쳐서 구분이 되지 않는다. 인간관계 또한 이러한 화음과 같다. 적절한 거리를 유지해야 건강하고 아름다운 관계가 지속된다. 갈등은 너무 가깝거나 너무 떨어져 있을 때 발생한다. 특히 가까운 관계일수록 상처를 더 쉽게 주고받으며, 그렇게 주고받은 상처는 더 아프고 더 오래간다. 다가서면 다가설수록 자신이 가지고 있는 가시 때문에 서로에게 상처를 입히는 '고슴도치 딜레마'처럼.

부모와 아이들은 감정적으로는 부부이상으로 가깝다. 실제로도 가깝고, 그리고 가까워야 한다는 강박에 사로잡혀 있다. 물리적으로나 감정적으로 아이들로부터 떨어져 있다는 느낌이 들면 일종의 죄책감마저 느낀다. 그것이 부모의 당연한 마음이다. 그래서 항상 같은 아픔과 같은 마음을 가지고 아이들을 바라보고 있다. 아이들의 삶에 완전히 함몰되어 버리는 것이다. 그런 감정 상태에서 아이들과 거실에서 함께 공부한다는 것은 사실 자폭 행위와 다름없다. 아이들의 잘못과 부족함에 지나치게 감정적으로 반응하기 때문이다. 그래서 거실공부는 위험하다.

누군가를 가르치고 이끌기 위해서는 어느 정도의 객관적인 시각과 자세가 필요하다. 그러기 위해서는 떨어져 있어야 한다. 어떤 현상 속에 함몰되어 있으면 그 현상의 객관적 시각을 가지기가 힘들기 때문이다. 지구 밖에 있어야 지구의 아름다운 푸른색을, 비행기 밖에 있어야 비행기의 전체적인 구조를 알 수 있듯, 우리 아이들을 교육함에 있어서도 아이들로부터 조금 멀찍이 떨어져 있어야 한다. 아이들과의 상황 속에 너무 휘둘리게 되면 우리 아이의 정확한 모습을, 부모가 저지르고 있는 교육적이지 못한 실수들을 깨닫지 못할 수가 있다.

아이가 부모의 존재 이유나 자존감의 근거가 되어서는 안 된다. 그러면 위험하다. 부모 자신만의 자존감을 확실히 붙잡고 있어야 한다. 그렇지 못하면 무너지기 쉽다. "너 하나 보고 산다."는 부모의 삶만큼 위태한 것도 없다. 하버드대 교육대학원 조세핀 킴Josephine M. Kim 교수가 쓴 〈우리아이 자존감의 비밀〉의 서문에서도 같은 이야기를 하고 있다.

"강연장이나 상담실에서 만난 엄마들은 그 어느 나라 엄마들보다 아이의 삶에 깊이 관여하고 있었다. 그러면서 자신의 삶을 송두리째 아이에게 쏟고 있었다. 그래서 아이가 주는 행복에 세상 모든 것을 얻은 듯 의기양양해 하다가도, 반대로 아이가 기대치에서 벗어나면 그대로 주저앉을 듯 위태로워 보였다."

건강한 교육이 이루어지기 위해서는 '구별'과 '거리', '의도적 방임'이 필요하다. 가르침과 가르침을 받는 사람 사이에 일정한 거리가 있어야 커뮤니케이션을 유지할 수 있다. 하지만 지금 부모와 아이는 너무 가깝다. 너무 가까우면, 너무 다가서면 아무 것도 보이지 않는 법이다.

따라서 가끔씩 아이들에게서 의도적으로 떨어지려는 연습을 해야 한다. 아이들의 교육과 상관없는 취미에 몰두해 보는 것도 좋은 방법이다. 부모가 다른 일에 정신 팔려있으면 아이들은 일반적으로 심리적 안정감을 얻는다. 그야말로 윈윈win-win이지 않는가. 부부끼리 외출을 자주하며 사랑을 표현하라. 아이들이 "엄마, 아빠만 붙어 다니지 말고 제발 우리들에게 관심 좀 가져달라."고 불평하면 딱 좋다!

거실은 아이로부터 건강한 거리를 유지하는 공간이어야 한다.

아이들을 소유로 인식한다

부모는 당연히 아이들을 너무나 사랑한다. 특히 엄마는 열 달 동안 자신과 한 몸이었다가 죽을힘을 다해 낳은 자식이므로, 아이를 위해서라면 그 무엇도 아깝지 않는 것이 당연하다. 아이들이 행복할 수만 있다면 그 어떤 희생이라도 감당하려고 한다. 이것이 바로 '모성애'라는 것이고, 세상에서 가장 아름다운 사랑이다.

이 모성애의 존재가 과학적인 실험으로 증명되었다고 한다. 사람에게는 자기 자신을 생각할 때 활성화되는 '내측전두엽'이라는 뇌 부위가 있는데, 엄마들이 자신의 아이를 볼 때에도 이 부위가 활성화된다는 것이다. 즉 엄마들은 자신의 아이와 자기 자신을 동일시 한다는 의미이다. 이것은 동·서양 엄마들에게 똑같이 나타나는 현상이다.

그런데 문제는 여기서 발생한다. 엄마들의 이 지극한 사랑이 자신의 아이를 소유로 생각하게 하는 것이다. 어떤 대상을 소유물로 여기기 시작하면 그에 따르는 심리적 비용은 혹독하기 이를 데 없다. 심리적 안정을 파괴하고 건강한 관계를 깨뜨린다. 불행히도 우리나라 대부분의 엄마들은 이러한 성향이 특히 강하다.

이 '배타적인 소유욕'과 '건강한 성장'은 거의 상극이다. 부모가 가끔

"우리 아이가 더 이상 크지 않았으면 좋겠다."는 농담을 하는 것은 이러한 배타적 소유욕의 장난스러운 표현이다. 하지만 실제로도 아이가 성장하지 않기를 바라는 부모는 없다. 정상적인 부모라면 아이가 건강하게 성장하기를 바란다. 그런데 소유하려고 한다. 모순이다.

불행하게도, 청소년기는 부모에게도 아이들에게도 낯설다. 부모는 그동안 배타적으로 소유하고 있었던 아이에게서 괴리감을 느끼기 시작하는 시기이며, 동시에 아이들도 부모의 지나친 소유욕이 부담스러워지기 시작한다. 불행이 서서히 싹트기 시작하는 것이다.

이때가 되면 엄마는 관심과 애정이라고 생각하는 행동을 아이는 간섭이라고 생각하고, 엄마는 보호라고 생각하는 행동을 아이는 통제라고 느끼며, 엄마는 격려라고 생각하는 것을 아이는 강압이라고 받아들이고, 엄마는 대화라고 생각하는 것을 아이는 잔소리로 듣게 된다.

부모의 입장에서는 이러한 갈등을 받아들이기가 힘들 것이다. 마치 세상이 무너지는 느낌을 받을지도 모르겠다. 하지만 건강한 개체가 모태로부터 분리하려는 속성은 당연한 것이다. 섭섭할 일도, 분노할 일도 아니다. 오히려 건강하게 성장하고 있음에 감사할 일이다.

아이들을 놓아 주어야 할 때가 있다. 아이들이 혼자서도 건강하게 성장할 수 있도록, 소유권을 포기해야 할 때가 분명히 있다. 이제 더 이상 '내 새끼'가 아니라, 독립적으로 판단하고 결정하는 '건강한 사회인'으로서 성장할 수 있도록 뒤로 물러서야 할 때가 있다. 그것은 아이 뿐만 아니라 부모로서도 한 단계 성장하는 시기이다.

가족은 사(私)적인 영역이다. 하지만 동시에 아이를 양육하는 것은 지극히 공(公)적인 일이다. '내 새끼니까 내 마음대로'라는 생각은 예전에는 통했을지 모르지만 지금은 어림없다. 아이를 낳은 그 순간부터 부모에게는 권리와 함께 '의무'가 생긴다. 그 의무란 아이를 똑바로 양육해서 지역사회로 건강하게 내보내는 것이다.

아이들에 대한 소유권을 주장하지 말라. 부모에게는 그럴 권리가 없다. 신앙을 가지고 있다면 하나님의 자녀라고 생각하는 편이 오히려 낫다. 귀한 아이일수록 여행을 자주 보내라. 상당한 기간을 친척이나 친구 집에서 지내게 하라. 낯선 사람들과도 자주 교류하도록 하라. 그것이 아이들을 진정으로 위하는 길이다.

거실은 아이들을 붙잡아 두기 위한 공간이 아니라 건강하게 떠나보내기 위해 훈련하고 성장시키는 곳이어야 한다.

감정의 엄마들

부모는, 특히 엄마들은 아이들을 사랑하는 만큼 감정이 과도하게 개입한다. 그렇게 되면 아이와 연결되어 있는 모든 상황이 제대로 보이지 않고 복잡해지는 법이다. 쿨 했던 남녀 관계에 사랑이라는 감정이 개입하게 되면 복잡해지듯이 말이다.
실제로도 그렇다. 엄마가 아닐 때는 너무나 다정다감하고 관용적이며 이해심이 많던 여자들이 아이의 엄마가 되고, 학부모가 되고나면 아이의 문제에 대해서는 그 누구보다 이기적이고 편협하고, 대화가 안 통하는 사람으로 변해 버리는 경우를 자주 보게 된다. 바로 엄마가 되었기 때문이다. 이 세상에서 가장 무서운 맹수는 바로 새끼를 보호하려는 어미이듯이.

물론 감정적인 것이 나쁜 것만은 아니다. 사람을 움직이게 하는 힘은 이성보다 감정에 있다. 세계적인 경영학자, 칩 히스Chip Heath·댄 히스Dan Heath는 그들의 저작, 〈스위치Switch〉에서 그러한 감정을 '코끼리'로 묘사한다. 사람이 사랑을 하고 희생을 하고 몰입을 하는 것은 이러한 감정이 움직이기 때문이다. 감정은 절대 움직이지 않을 것 같은 조직을 움직이고, 대중을 선동하고, 온 나라를 들썩인다. 감정은 인간을 살아있게 만든다. 우리에게 감정이 없었다면 아주 오래전에 멸망했을 것이다.

하지만 이러한 감정에는 치명적인 한계가 있다. 지속 시간이 짧다는 것, 어디로 튈지 모르며 주관적이고 자기중심적이라는 것이다. 또한 똑같은 상황이 감정의 기복에 따라 여러 가지로 다르게 해석되기도 한다. 이는 객관적이고도 지속적이어야 하는 아이들 교육에 있어서는 치명적인 결함으로 작용한다.

이러한 예측 불가능한 감정 변화는 아이들을 야단할 때에 여실히 드러난다. 감정에 휩쓸려 있는 상태에서 아이들을 야단하기 때문에, 필요 없는 말과 해서는 안 될 말을 가리지 않고 쏟아 붓는 것이다. 그러니 아이들은 자신의 잘못에 비해 과도하고 불필요한 상처를 받게 된다.

또는, 차분한 상태에서 야단을 하다가도 그 과정에서 감정에 휩쓸려 소리를 지르거나 이성을 잃는 경우도 허다하다. 그러니 사소한 잘못을 야단하다가도 한 달 전에 했던 잘못, 일 년 전에 했던 거짓말을 모두 끄집어내서 아이에게 화풀이를 해 버리는 것이다. 예를 들면, 이런 식이다.

"바지 벗어서 아무렇게나 던져 놓지 마!"
"알았어!"
"넌 항상 자신의 물건을 정리하지 않아."
"내가 언제? 정리할 건 해!"
"뭐라고? 정리한다고? 그렇게 정리 잘 하는 애가 책상 꼴은 저게 뭐니?"

"치우면 되잖아!"
"엄마가 네 뒤치다꺼리 해주는 사람이니?"
"그럼 하지 마!"
"너 지금 그게 엄마한테 할 소리냐?
"내가 뭘?!"
"넌 엄마 말을 항상 듣지 않아."
"아, 내가 언제!"
"너는 엄마를 무시해."
"아, 정말 미치겠네! 내가 언제 엄말 무시했다고 그래?"
"아이고 내 팔자야. 엉엉!"
"엄마 도대체 왜 그래?"

단순히 옷 정리하라고 한 대화가 팔자 이야기로 확장되어 버렸다. 이처럼 엄마의 급격한 감정적 기복은 아이들을 불안하게 만든다. 아이를 심하게 야단하고 있는 엄마는 바로 5분 전에 아이와 서로 웃고 장난치던 엄마와 동일 인물이다. 그리고는 또 바로 5분 후에 전화통을 붙잡고는 깔깔거리며 수다를 떨고 있다. 걷잡을 수 없는 엄마의 감정 폭풍은 온 집안을 들었다 놓았다 한다. 그러니 아이들은 엄마가 기분이 좋아도 불안하고, 기분이 나쁘면 더 불안하다.

아이들과 함께 공부하려면 이러한 감정적인 대응을 최대한 자제해야 한다. 그것은 끊임없는 훈련과 자기성찰, 공부가 필요한 부분이다. 그런데 이것이 훈련되면 아이들 공부에 도움이 될 뿐만 아니라, 부모 자신의 삶과 생활에도 여유가 생기고 너그러워지는 경험을 하게 될 것이다.

어떤 이는 감정을 어떻게 다스리느냐고 반문할 지도 모른다. 자신도 모르게 폭발하는 것이 감정이 아니냐고 항변한다. 하지만 그것은 거짓말일 수 있다. 감정을 다스리지 못하는 것이 아니라 어떤 목적을 위해 감정을 이용하고 있는 것이 아닌가. 기시미 이치로·고가 후미타케가 쓴 아들러 심리학 입문서, 〈미움 받을 용기〉에서는, 분노란 언제든 넣었다 뺐다 할 수 있는 도구라고 단언한다. 아이들 앞에서 감정을 폭발시키는 것은, 화가 나서 자신도 모르게 그렇게 되는 것이 아니라, 아이들을 부모의 의도대로 행동하도록 만들기 위한 일종의 '연출'이라는 것이다.

또한 감정을 억누르면 몸에 좋지 않기 때문에 감정을 해소해야 한다고 하지만, 감정을 무분별하게 폭발시키는 것도 감정을 지나치게 억누르는 것만큼 해롭다. 감정은 충분히 다스릴 수 있고, 남에게 상처를 입히지 않고 해소할 수 있다. 감정을 폭발시키면 오히려 문제는 더 커지고, 책임져야 할 일이 많아질 뿐이다.

거실에서 부모는 절대적으로 감정을 컨트롤해야 한다.

- **감정을 해소하는 방법**
1. 기분이 나쁜 이유를 적어본다.
2. 그 이유들을 객관적으로 생각해보라.
3. 기분 나쁠 이유가 없는 것은 지우라.
4. 어떻게 할 수 없는 것들도 지우라.
5. 나 혼자 그렇게 생각하는 것도 지우라.
6. 남아 있는 것들 중에 해결 가능한 것이 있으면 노력하라.
7. 아니면 그대로 두어라. 시간이 지나면 감정은 잦아든다.

무원칙주의

부모의 기분이 좋을 때는 모든 것이 허용되다가도 부모의 기분이 나쁠 때는 늘 하던 일도 난리가 나는가. 지켜야 할 기준이나 행동규범이 부모의 기분과 감정이라면 아이는 늘 부모의 눈치를 보게 될 것이다. 그러니 정서가 불안해지고 안정감이 없어지는 것이다.

아이들한테 페널티penalty를 줄 때도 마찬가지다. 부모, 특히 엄마들의 감정적이고 변덕스러운 페널티는 아이들한테 아무런 효과도 권위도 없이 '강압'과 '협박'으로만 작용하지 않는가.

"너, 한번 만 더 잃어버리면 다시는 안 사줄 줄 알아!"
"너, 다시는 컴퓨터 게임 못할 줄 알아!"
"이제부터 용돈 십 원도 없어!"

'안 사주겠다', '못하게 하겠다', '용돈 안 줄 것이다' 같은 표현은 야단이라기보다는 거의 협박에 가깝다. 더 안 좋은 것은 엄마의 이런 협박이 채 하루도 지속하지 못한다는 것이다.

아이들에게 있어서 엄마의 페널티는 여름 소나기처럼 퍼붓다가도 순식간에 수증기처럼 피어오르다 흩어져 버린다. 그러니 아이들은 엄마의 말에서 그 어떤 권위나 무게도 느끼지 못한다. 대신, 그때그때 엄마의 감정적 상태만 모면하면 된다는 잔머리가 돌아가기 시작하는 것이다. 그때부터 아이들은 엄마의 잔소리에 꿈쩍도 하지 않게 되거나 '꿈쩍하는 척'만 하게 될 것이다.

단언컨대, 부모가 아이한테 내리는 페널티는 추상(秋霜)같아야 한다. 그러기 위해서는 페널티를 남발해서는 안 된다. 아이에게 페널티를 주기 전에 반드시 생각하고, 생각하고 또 생각해야 한다. 앞으로 이 페널티를 그대로 적용할 수 있을 것인가를 검토하고, 이 페널티가 교육적으로 타당한지도 고민해야 한다. 그렇게 해서 결정된 패널티라면 과감히 선언하고 강력하게 밀어 붙여야 한다.

아이에게 닌텐도nintendo 게임기를 큰 마음먹고 사 주었던 적이 있었다. 먼 길 여행이나 친척 집 오고 갈 때, 혹은 동네 아이들과 놀 때, 하나 정도 있으면 괜찮겠다는 판단을 내렸던 것이다. 그런데 둘째가 닌텐도에 집착하기 시작했다. 급기야 이불 속에서 닌텐도를 붙잡고 있던 것이 발각되었다. 애초에 약속했던 닌텐도 사용 규칙을 어긴 것이다. 고심에 고심을 거듭한 끝에 닌텐도 전면 금지령이 내려졌다. 닌텐도는 아이들이 보는 앞에서 폐기처분 당했다. 모든 금지령의 발효는 신중해야 하며, 일단 발효가 되었으면 그 유효기간은 상당해야 한다.

아이들은 부모가 자상하긴 하지만 아닌 것에 대해서는 아주 엄격하다는 인상을 주어야 한다. 그러기 위해서는 가족 구성원 모두에게 적용되는 원칙이 있어야 하는데, 그 원칙은 아이들이 참여한 가족회의를 통해서 정해져야 한다. 원칙이 세워졌으면 그것을 프린트해서 집 거실에 붙여 두자. 반드시 잊지 말아야 할 것은 그 원칙에 있어서 부모도 예외가 될 수 없다는 것이다.

거실은 가족 모두에게 적용되는 원칙이 지배하는 공간이어야 한다.

육체와 영혼을 마비시키는 엄마의 3단 고음 잔소리

거실이 행복의 공간이 아니라 고통의 공간이 되는 가장 큰 이유는 엄마의 잔소리 때문이다.

엄마의 고주파, 3단 고음 잔소리는 아이들의 육체와 영혼, 정신을 마비시킨다. 그것은 이미 보통 사람이 인식할 수 있는 주파수의 범위를 벗어나 있기 때문에 시끄럽기만 할 뿐 그 내용은 두뇌까지 전달되지 못한다. 즉, 일종의 외계어가 되어 버리는 것이다. 그런 정체불명의 언어가 화살처럼 사정없이 날아들면, 아이들은 그저 엄마가 화가 많이 나 있다는 것은 알겠는데, 그 이유는 정확히 모르겠고, 일단 피하고 봐야겠다는 생각 밖에 들지 않는다.

엄마들이 잔소리할 때 그 내용을 냉정하게 살펴보면, 정말 당연하고도 맞는 말 뿐이다. 그런데 밉다. 당연한 말을 아주 밉살스럽게 말하니 오히려 반대로 하고 싶은 충동이 일어날 정도다. 그리고 그것을 굉장히 빨리 말한다. 단 3초 동안의 잔소리 안에 '빨리'라는 단어가 무려 다섯 번 넘게 들어가 있다. 거의 신의 경지다.

"너빨리컴퓨터끄고빨리숙제해! 수학숙제는했어?왜안했어? 빨리컴퓨터안 꺼? 당신도빨리둘째숙제좀봐주고빨리청소기좀돌려! 빨리빨리!"

엄마의 잔소리가 힘든 또 다른 이유는, 대답 안하기도 그렇고, 대답하자니 애매한 의문문의 형태이기 때문이다.

"숙제 왜 안했어?"

딱히 이유가 있어서 숙제를 안 한 것은 아닐 것이다. 그냥 귀찮고, 따분하고, 그저 빈둥거리다보니 그렇게 된 것인데…. 당연히 대답이 궁하다. 대답을 못하고 머뭇거리니 엄마가 화를 낸다.

"왜 대답을 안 해? 응? 엄마 무시하니?"

당황스럽다. 진짜 엄마를 무시하려는 의도는 아니었는데. 엄마가 더 화를 내기 전에 어떠한 대답이라도 해야 한다. 대답을 했다. 그런데 엄마는 더 화를 낸다.

"그걸 지금 이유라고 말하는 거니?"

이럴 수도 없고 저럴 수도 없다. 도대체 엄마들은 무슨 대답을 원하는 것일까?
이러한 화법은 아이들을 코너로 몰아붙이고 도망갈 구석을 주지 않는다. 그러니 아이들은 분을 품게 되고, 엄마와의 대화를 기피하게 된다. 결국에는 아이들과 엄마와의 거리를 지구에서 안드로메다까지 멀어지게 한다. 이런 잔소리를 달고 사는 엄마와 함께 공부한다고 생각해 보라. 엄마가 옆에 앉아서 사사건건 잔소리를 한다면 나 같아도 집을 나가고 싶을 것이다. 잔소리는 모든 사람들의 행동의지를 꺾어버리는 특효약이다.

이때 엄마들은 꼭 묻는다. 어떤 것이 잔소리고, 어떤 것이 잔소리가 아닌지를. 확실히 말할 수 있다. 청소년 자녀를 둔 엄마의 입에서 나오는 모든 말이 잔소리다. 자신의 말을 녹음해서 들어보자. 그것도 아이의 입장이 되어서 들어보라. 무엇이 문제인지 금방 알 수 있다.
엄마의 말이 잔소리일 가능성이 얼마나 높은지를 점검할 수 있는 잔소리 체크리스트를 하나 만들어보았다. 스스로 체크해보자. 자신에게 해당되는 항목이 10개 이상이면 굉장히 심각한 상황이라는 것을 명심하자.(잔소리 체크리스트 참조)

잔소리 체크리스트

1. 아이에게 같은 말을 반복한다.
2. 아이만 보면 속에서 뭔가가 치밀어 오르는 느낌이 든다.
3. 아이와 남편이 나만 보면 슬슬 피하는 것 같다.
4. 아이들과 남편의 눈에 초점이 없다.
5. 아이들과 남편의 행동이 굼벵이 같다.
6. 아이를 야단하다가 정신을 차리고 보면 내 팔자 이야기를 하고 있다.
7. 대화가 끝나면 아이가 울거나 내가 울거나 둘 다 울고 있다.
8. 5년 전에 잘못했던 아이의 일이 선명하게 떠오른다.
9. 아이의 행동 하나 하나가 마음에 안 든다.
10. 요즘 들어 그릇을 자주 깨뜨린다.
11. 늦게 들어오는 날이면, 기쁨을 억누르려는 아이들의 안간힘이 느껴진다.
12. 아이들의 하는 말이 모두 '시끄럽다.'
13. 남편의 하는 말이 모두 '듣기 싫다.'
14. 내가 없을 때 아이들과 남편의 모습이 너무 평화롭고 여유로워 보인다.
15. 아이와 남편이 내 말을 너무 잘 들어도 왠지 기분 나쁘다.

거실은 절대적으로 잔소리 청정 구역이어야 한다.

모든 것을 단정지어버리는 말투

부모들의 잔소리 못지않게 좋지 않은 언어습관이 모든 것을 단정 짓고 판단해 버리는 말투다.

"쟤는 항상 그래."
"말을 원래 안 들어."
"제 아빠 닮아서 수학 원래 못 해. 잘 하는 게 오히려 이상하지."
"책 원래 안 좋아해."
"쟤는 원래 야채 안 좋아해."
"운동하고는 옛날부터 담 쌓았어."
"엄마 말 듣는 법이 없어."

여태껏 야채만 먹다가 고기 반찬을 처음으로 집어 든 순간, 대뜸 엄마가 이런다.

"야채 좀 먹어라. 고기 좀 그만 먹고! 야채를 먹는 꼴을 못 보겠어."

야채 열심히 먹었던 지금까지의 노력이 엄마의 한 마디에 의해 아무 것도 아닌 것이 되어 버린다. 이러면 아이는 속으로 이렇게 다짐하게 될 것이다.

"삐뚤어질 테다!"

'항상', '원래', '절대' 같은 단정적이고도 극단적인 부사는 사람의 마음을 무척이나 언짢게 한다. 설령 아이가 지금껏 단 한 번도! 부모의 말을 들은 적이 없다 할지라도! '항상', '원래', '절대' 같은 부사가 '팩트 fact'일지라도! 그런 부사를 써서는 '절대' 안 된다. 왜냐하면 이런 단정적 표현에 지속적으로 노출이 된 아이들은 그것이 자신의 모습임을 더욱더 확신하게 되기 때문이다. '나는 아무리 노력해도 안 될 것이다'라고 생각하는, 소위 '고정적 사고방식'이 아이들을 지배함으로써, 반성과 개선과 변화의 의지를 꺾어버린다.

결국, 부모의 말대로, 그 믿음대로 되어 버리는 것이다. 마치 아이들은 "엄마가 원하신다면 그렇게 되어 드릴게요."라고 하는 것처럼 행동하게 될 것이다.

다른 사람을 단정 짓거나 판단해서는 안 된다. 그럴 권리는 그 어느 누구에게도 없다. 설령 부모 일지라도, 내 아이니까 내 마음대로 판단할 수 있다고 생각하는 것은 오만이고 독선이다.

숨 쉴 공간이 있는 단어를 사용하자

대화 속에서 질식하지 않으려면 오고 가는 말 속에 항상 숨 쉴 만한 공간이 있어야 한다. '항상', '원래', '절대' 같은 부사들은 그 공간을 완전히 밀폐시켜 버리는 역할을 한다. 이렇게 바꾸어서 말해 보자.

항상, 절대 → 한 번씩, 가끔
원래 → 오늘따라, 요즘, 한번씩

"왜 넌, 항상 축 처져 있어?"
→ "오늘 따라 힘이 없어 보이는데."

"왜 엄마한테 짜증이야? 왜 항상 그러니?"
→ "오늘 엄마가 화나게 한 거라도 있니? 오늘따라 표정이 좋지 않구나."

"너만 보면 항상 혈압이 올라."
→ "가끔씩 엄만 네 행동에 화가 나."

"넌 언제 엄마 말을 들을 건데? 내가 몇 번을 말했어?"
→ "내가 똑같은 말을 두 번 째 하고 있다는 걸 아니?"

거실에서 사용되는 단어는 소파의 쿠션 같아야 한다.

엄마의 팔랑귀 ; 기다려주지 못하는 엄마들

엄마는 피드백feedback에 능통하다. 엄마들이 모여서 대화를 나눌 때 보면 엄청난 양(量)의 피드백이, 엄청난 속도로 난무한다. 누가 옷을 샀으면 샀다고 난리다. 머리를 했으면 했다고 난리다. 남편에 대한 부정적인 피드백(쉽게 말해서 욕이다.)도 빠질 수 없다. 하루아침에 죽일 놈이 살릴 놈 된다. 실로, 엄마들은 명품백이 아니라 '피드백'을 먹고 자라는 것 같다.

천문학적인 양의 피드백으로 단련된 엄마들은 끊임없이 개선하고, 방향을 바꾸고, 고치고 변화하려고 한다. 그 성향이 아이들의 교육 문제와 만나게 되면 '해병'들에게 '전투자극제'를 쓴 것과 같은 효과를 준다. (무슨 말인지 모르면 패스!) 그 피드백의 요인에는 같은 아파트 학부모, 반 친구 엄마들, 같은 교회 집사님, 동네학원 원장의 입김이 존재한다. 그들을 통해 입수한 정보로 학원을 바꾸고, 과외선생을 들이고, 교재를 새로 사 준다. 아이들은 정신이 없다. 조금 적응이 됐다 싶으면 바뀌고 변한다. 이런 피드백이 아이들한테 전달될 때는 십중팔구 잔소리의 형태를 가지게 된다. 그러니 아이들은 두 배로 고통스럽다.

"영식이는 ○○학원 다녀서 이번에 수학 100점이라더라. 그런데 넌 지금 학원 다녀서 되겠어?"
"학원 또 바꾸게요? 지금 다니는 학원도 잘 가르친단 말이에요."
"그런데 성적이 그 모양이냐?"
"이번 수학시험이 어려웠단 말이에요."
"그럼, 영식이는 어떻게 된 거냐? 걔는 수학의 신이냐?"
"맞아요. 걔는 정상이 아니에요!"
"이놈의 자식이! 지가 공부 안했다고는 절대 인정 안 해요. 잔말 말고 당장 학원 옮겨!"

거실은 절대적으로 안정적인 공간이 되어야 한다. 원칙이 있고, 여유가 있고, 기다림이 있어야 한다. 그렇게 되어야 아이들은 심리적인 안정을 찾는다. 안정되어야 건강하게 성장한다.

사실, 연습과 노력을 통한 실력의 향상은 다음 그림과 같이 우상향으로 비례하여 증가하는 모양을 가지지 않는다.

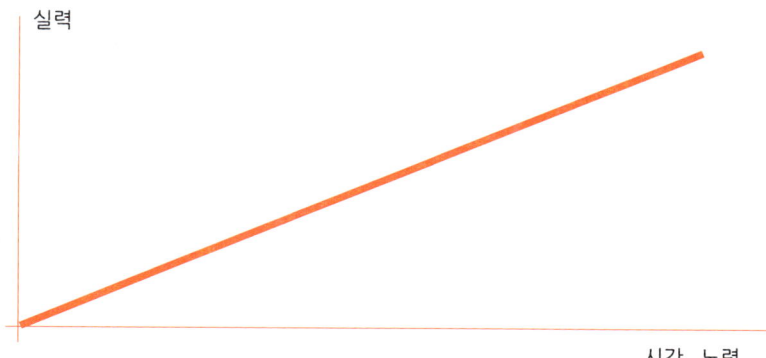

실제로는 다음 그림과 같이 계단식으로 향상된다.

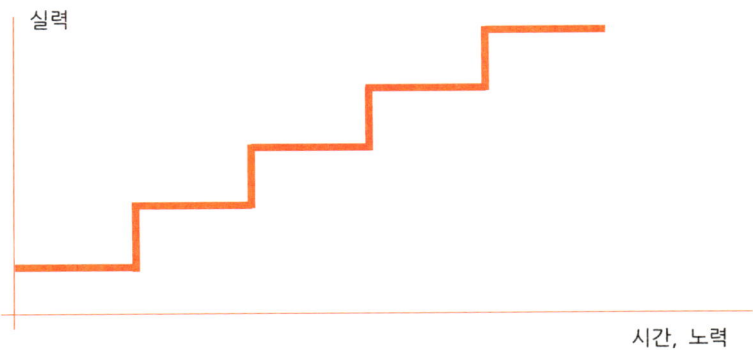

즉, 한 동안 변화가 없다가 어느 순간 한 단계 상승하고, 또 변화 없이 지속되다가 상승하는 패턴을 반복한다. 죽어도 안 들리던 영어가 어느 순간 들리고, 죽어도 안 되던 '음파(수영 호흡법)'가 어느 날 갑자기 되는 이유가 이것 때문이다.

여기서 중요한 것은 변화가 없는 지점(수평으로 평평한 부분)이다. 어떤 것을 잘 하기 위해서는 그 따분하고 재미없는 기간을 참고 견뎌야 한다. 그래야 한 차원 성장할 수 있다. 세상의 모든 일이 다 그렇다. 하지만 대부분의 사람들은 그 기간 동안 스스로 재능이 없다거나, 노력해도 안 된다는 온갖 절망적 생각에 휩싸이다가 포기해버린다.

엄마들도 이 변화되지 않는 기간을 진득하게 기다리지 못한다는 것이 문제다. 계속 무엇인가를 바꾸고 변화를 주어야 직성이 풀린다. 실력이 향상되기도 전에 변화를 주다보니 아이들이 성장할 기회를 놓쳐버리고 마는 것이다. 알이 부화도 되기 전에 깨뜨리면 계란프라이 밖에 되지 않는다.

일단 아이에 대한 믿음을 가져라. 인내심이 절대적으로 필요하다. 부모가 이렇게 해주고, 저렇게 해 주는 것이 중요한 것이 아니라, 아이 스스로 생각하고, 고민하고, 깨치는 능력이 더 중요하다. 주위 사람들의 의견은 참고만 하시라. 그 사람들이 우리 아이를 끝까지 책임지지는 못한다. 심지어 부모조차도 마찬가지다.

거실에서는 인내해야 한다. 아이들이 스스로 성장 할 수 있다는 믿음으로 기다려야 한다. 거실은 달리는 곳이 아니라 기다려주는 곳이기 때문이다.

비난하는 부모

때에 따라서는 아이들을 야단 할 수도 있고, 혼을 낼 수도 있다. 하지만 아이들을 혼내는 것과 아이들을 비난하는 것은 다르다. 그러나 대부분의 부모는 아이들을 야단할 때, 비난한다. 이 비난의 메시지에는 남을 평가하고, 판단하고, 협박하는 소위 'You-메시지You-Message'가 가득 들어 있다.

"너 왜 그러니?"
"너 지금 그게 무슨 말 버릇이야?"
"너 옷차림이 그게 뭐냐?"
"(너) 왜 늦었어? 전화 왜 안 해?"
"넌 제대로 하는 게 하나도 없구나."
"(너) 정신을 어디다 두고 다니는 거니?"

거기다 주관적이며 속상한 감정이 충만한 부사들이 포함되면 그 비난의 강도가 열배는 증폭된다.

"넌 도대체 왜 그 모양이니?"

"**단 한 번이라도** 엄마 말을 **제대로** 들은 적이 있었니?"
"넌 **항상 늘** 그 모양이야."

그 어떤 부모도 아이들이 더 나쁜 행동을 하게 하거나, 잘못된 행동을 반복하게 만들고 싶어 하지 않는다. 하지만 비난을 일삼는 부모들의 언어는 결과적으로 아이들의 행동을 좋은 쪽으로 변화시키지 못하며 오히려 더 악화시킬 뿐이다.
'비난'은 상대에게 '공격받고 있다'는 메시지를 던진다. 사람의 뇌는 공격을 받으면 작동을 멈추고 자신을 방어하고 보호하려고 한다. 아무리 자신이 잘못했더라도 말이다. 아이들이 (부모는 가르침이라고 생각하는) 부모의 비난에 오히려 화를 내거나, 말을 하지 않으려 하거나, 더 잘못된 행동을 하게 되는 것이 그것 때문이다.
그런데 문제는, 부모는 '비난'과 '가르침'의 차이를 깨닫지 못하는 경우가 많다는 데 있다. 비난의 언어습관을 관심이나 애정으로 생각한다. '다 잘되라고 하는 소리'라고 변명하고 합리화한다. '아이들을 위한 피가 되고 살이 되는 말'에 아이들이 이상하게 반응한다고 생각한다.

해결책은 '비난'의 형태를 띠고 있는 언어를 당장! 멈추는 것이다. 비난으로는 절대 아이들을 변화시킬 수 없다. 감정을 써서 비난하는 대신, 아이들이 잘못한 사실을 있는 그대로만 묘사하고, 엄마의 감정을 덧붙이는 'I-메시지I-Message'를 활용해 보자.

"너 숙제 또 안했지? 이게 벌써 몇 번째야? 너 도대체 무슨 생각으로 학교 다니는 거니? 엄마가 쪽 팔려 죽겠어!"
→ "숙제를 안 했구나.(객관적 사실) 학교에서 혼나지 않을까? 엄마가 걱

정되는데?(I-메시지)"

"준비물! 또 까먹었어? 뭘 제대로 기억하는 게 없구나! 너 벌써 치매냐?"
→ "네 준비물이 뭔지 엄마한테 말 안 해줬어.(객관적 사실) 너 혼자 준비할 수 있겠니? 걱정되는 걸.(I-메시지)"

"또 PC방 갔지? 네가 지금 PC방에서 게임할 상황이니? 네 성적 안 보여? 응?"
→ "PC방 갔지?(객관적 사실) PC방 가는 걸 엄마가 제일 싫어한다는 것을 알 텐데.(I-메시지)"

처음에는 답답해 미치거나 입에 쥐가 나는 것 같을 것이다. 절제하고 연습하자. 말투는 충분히 바꿀 수 있다.

거실은 'I-메시지'를 연습하고 실천하는 공간이어야 한다.

비교하는 부모

'칭찬'이 고래도 춤추게 한다면, '비교'는 모든 존재를 마비시킨다. 그런데 불행히도 인간이란 서로를 비교함으로써 스스로의 존재가치를 입증하는 생명체들이다. 다른 사람보다 예쁘거나 잘생겨야 하고, 공부도 잘해야 하고, 하다못해 명품이나 좋은 차라도 가져야 한다.

비교는 자신의 존재감을 확인하는 가장 손쉬운 방법이다. 동시에 가장 불안정한 방법이기도 하다. 자신보다 못한 존재들과 비교해서 얻은 우월감은, 자신보다 우월한 존재를 대면하게 되었을 때 단 0.1초도 지속되지 못하기 때문이다. 그런 비교의식은 아이들에게도 그대로 적용된다. 아이들의 인생을 자신의 것과 동일시하는 한국의 부모들이라면 지극히 당연한 것이겠지만.

이러한 비교성향은 유독 우리나라 부모들에게서 강하게 나타난다고 한다. 실제로 실험을 해 보았는데, 미국의 엄마들은 자신이 얼마나 이익을 보았는가에 따라 '보상뇌'가 활성화된 반면, 우리나라의 엄마들은 다른 사람과 비교하여 자신이 얼마나 상대적으로 이익인가에 따라 '보상뇌'가 활성화되었다고 한다.(EBS다큐프라임 〈마더쇼크〉 인용)

이러한 성향이 자녀 교육으로 이어지면 그 정도는 심해진다. 즉, 우리 아이가 얼마나 제대로 배우고 있는지 보다는, 다른 아이보다 얼마나 더 잘 하고 있는지가 중요한 것이다. 그러니 늘 불안하고, 초조하고, 조급하다.

나도 예외는 아니었다. 나는 전혀 경쟁의식이나 승부욕이 없었던 사람이었다. 절대 우리 아이들을 다른 아이들과 비교하지 않을 줄 알았다. 그러나 현실은 그렇지가 못했다. 우리 아이가 다른 아이보다 우월(優越)하지 못하다는 현실에 직면하자 그것은 하나의 절망이 되고, 분노가 되었다. 아이가 체육대회 달리기 시합에서 4등(4명이 달렸다.)을 한 날, 바로 아이를 공터로 데리고 나가 달리기 연습을 시켰던 것이다.
어떤 분야에서든 우리 아이가 최고여야 하고, 선두에 있어야 한다는 욕심은 한국 부모에게 있어서는 거의 본능인 것 같다. 그런데, 그런 욕심은 도대체 누구의 욕심일까? 아이의 욕심일까 아니면 잘난 아이를 가지고 싶은 부모의 욕망일까? 모두들 겉으로는 아이 잘 되라고 하는 것이라지만 그 내면에는 너무나 이기적인 부모의 욕심이 도사리고 있는 것이다.

아이가 100점을 받아왔으면, 그 자체로 인정해 주고 칭찬해 주어야 한다. 아이 혼자 100점인지 아니면 100점 받은 애가 반에 얼마나 더 있는지, 시험문제가 쉬웠는지 어려웠는지 확인할 필요가 없다. 그것은 정말이지 무의미하다. 미술은 예고 다니는 아이와 비교하고, 영어는 외고 다니는 아이와 비교하고, 수학은 영재학교 다니는 아이와 비교하니, 아이에게 있어서 그 비교가 정당할리 만무하다.
아이를 제대로 키우려면 그런 욕심에서 자유로워야 한다. 다른 아이들과는 비교하지 마라. 그렇게 해서 얻게 되는 열등감은 물론, 우월감조차도 바람직하지 않다. 그저 우리 아이가 건강하게 성장하고 있음에만 집중하라.

거실은 우리 아이에게만 집중하는 공간이어야 한다.

비약(飛躍)하는 부모

'비약'의 사전적인 의미는 '나는 듯이 높이 뛰어 오르는 모양'을 일컫지만, 여기서 말하는 비약은 사태를 과장하여 인식하고 과잉반응을 보이는 것을 의미한다.

비약하는 부모는 모든 일을 '큰일이다, 큰일이다'라며 아이들 주위에서 설레발을 친다. 아이들이 숙제하지 않은 것도, 준비물을 챙기지 않은 것도, 알림장을 갖고 오지 않은 것도, 우산을 갖고 가지 않은 것도, 약을 안 먹은 것도 모두, '큰일'에 속한다.

이 '큰일'이 아이들의 학교성적과 연결되면 그 반응은 극단으로 치닫게 된다. 부모들은 아이들의 성적에 대해서는 거의 제로에 가까운 인내심을 가지고 있어서, 조금이라도 성적이 떨어지면 "큰일이다, 큰일이다"를 외치며 학원을 바꾸거나, 과외선생님을 들이거나, 학습지를 해야 한다. 뭐라도 해야 직성이 풀린다.

그런데 사실, 그렇게 해서 문제가 해결되는 경우는 드물다. 오히려 더 복잡해지고, 더 엉킬 뿐이다. 진정한 문제해결이 아니라 속상한 감정의 해소를 위한 일종의 자위라 할 수 있다. 뭐라도 하지 않으면 막연하게 불안하기 때문이다.

더 좋지 않은 것은, 부모의 호들갑에 덩달아 불안해하던 아이도 이내 내성(耐性)이 생긴다는 것이다. 엄마가 말하는 '큰일'이란 그저 사소한 것이며, 시간만 지나면 아무 일 없을 것이라고 생각하게 된다. 따라서 진짜 '큰일'도 그냥 무덤덤하게 받아들인다. 그때부터 아이들은 부모의 말을 '귓등'으로 듣게 된다.

물론 중요한 것과 중요하지 않은 것은 상대적이며, 집안의 전통에 따라 다를 수 있다. 정직함을 중요하게 생각하는 집안이라면, 아무리 사소한 거짓말이라도 큰일이 될 수 있다. 근검절약을 중요하게 생각하는 집안이라면, 아무리 작은 돈이라도 함부로 쓰는 것이 큰 일이 될 수 있다. 그래서 정직함을 강조하는 집안에서는 돈을 함부로 쓰는 것이 그리 큰 일이 아닐 수 있고, 반대로 근검절약을 강조하는 집안에서는 사소한 거짓말은 큰 일이 아닐 수 있다. 그것은 집안의 전통이기 때문에 다른 사람이 이러쿵저러쿵 말 할 수는 없는 것이다.

또한 사회 통념상 큰일인 것과 큰일이 아닌 것이 일반적으로 존재한다. 따라서 집안 전통적으로 봤을 때도 큰일이 아닌 것, 그리고 동시에 사회 통념상으로 봤을 때에도 큰일이 아닌 것은 정말 큰일이 아니므로 그냥 넘어가라. 아이들이 스스로 느끼고 수정할 수 있도록 뒤로 물러서 있으라.

우산을 잃어버린 것, 친구들과 놀다가 온통 흙투성이가 되어 들어온 것, 불량식품을 사먹은 것, 친구와의 사소한 다툼, 자전거를 타다가 넘어진 것, 친구 집에 놀러가서 밤늦도록 컴퓨터를 하고 논 것은 정말 큰일이 아니므로, 그것 때문에 아이들을 쥐 잡듯이 잡지 말라는 것이다.

중요한 것은 아이들 스스로 '중요한 일'과 '중요하지 않은 일', '급한 일'과 '급하지 않은 일'을 구분하는 능력을 가지게 하는 것이다. 그리고 그것에 따라서 어떤 일을 먼저 해야 하는지에 대한 '우선순위'를 정하고 실천할 수 있어야 한다.

아이들이 그런 능력을 가지게 하기 위해서는 부모의 판단을 최소화해야 하고, 아이들이 스스로 느끼고, 판단할 수 있도록 기다려주고 빠져주어야 한다. 부모가 사사건건 '큰일이다'라고 해 버리면 아이는 자신이 세우고 있었던 '우선순위의 기준'을 잃어버릴 수 있다.

거실은 아이들 스스로 일의 중요성과 우선순위를 판단할 수 있도록 가르치는 공간이어야 한다.

소리를 지른다

'소리를 지르는 것'은 거실공부에서 부모가 저지를 수 있는 가장 흔하고도 가장 위험한 실수다. 특히 남자인 아빠들이 이런 실수를 할 확률이 높다. 이유는 남자라는 종족들에게는 '언어장애'가 있기 때문이다. 밖에서는(특히 젊고 낯선 여자 앞에서는) 그렇게 청산유수였다가도 집에만 들어오면 말을 잘 못하거나 의도적으로 하지 않으려는 증상이면 언어장애가 맞다.

이 언어장애가 위험한 이유는 제때 분출되지 못해 축적된 언어의 찌꺼기가 어느 순간 폭발할 수 있기 때문이다. 이때 남자들은 대부분 소리를 지른다. 아이들과 같이 공부할 때 이 훈련을 하지 않으면 아이들과 아내에게 상처를 입히고 스스로도 자책감으로 괴로워 할 수 있다.

아빠의 소망대로 아이가 잘 따라주지 못할 때, 아빠의 기준에서 아주 쉬운 문제를 틀릴 때, 몇 번을 설명해 주었는데도 제대로 알아먹지 못할 때, 뭘 어떻게 할지 모를 때, 아이가 터무니없는 잘못을 저질렀거나, 안색 하나 바꾸지 않고 뻔한 거짓말을 할 때, 아빠들은 대뜸 소리를 지른다. 아빠가 소리를 지르기 시작하면 아이들은 자연히 아빠를 멀리한다. '소리 지름'은 관계를 깨뜨리는 가장 치명적인 방법이다.

나도 소리를 엄청 잘 지르는 아빠였다. 와이프와 다툴 때에도 아이들을 야단할 때에도 감정이 격해지면 소리를 지르곤 했다. 꾹꾹 누르고 참고 참았던 분이 한꺼번에 폭발하는 것이다. 그러면 아내와 아이들이 이쪽 땅끝에서 저쪽 땅끝만큼 멀어져 버린다. 뒤늦게 후회를 하지만 또 똑같은 실수를 반복 한다. 소리를 한참 지르고 나면 목뿐만 아니라 배까지 아프다. 마음이 아픈 것은 당연하다.

물론 소리 지르는 엄마도 있다. 이 경우는 언어장애가 있어서 그런 것이 아니라 소리 지르는 것을 '대화'로 생각하기 때문이다. 소리 지르지 말라고 하면 "언제 소리 질렀냐"고 오히려 되묻는다. 그냥 습관인 것이다.

부모가 소리를 지르면 아이는 부모의 눈치를 살피게 된다. 부모의 말투가 메마르기 시작하면 또 소리를 지르지 않을까 하는 두려움이 얼굴에 가득 드리워지는 것이다. 부모의 소리 지름은 물리적인 아동 학대만큼이나 나쁘다. 소아청소년정신과 전문의, 오은영 박사도 한 일간지와의 인터뷰에서 '소리를 지르는 것'도 결국은 학대라고 하였다.

아이들을 야단할 수 있고 혼낼 수 있다. 잘못된 것을 지적하고 심할 때는 매를 들 수도 있다. 그러나 소리 지르는 것은 전혀 다른 문제이다. 그것은 아이의 따귀를 예고 없이 때리는 것과 같다.

소리를 지르지 않는 가장 좋은 방법은 소리를 지르지 않는 것이다. 이게 말이 안 되는 것 같지만 사실이다. 소리를 지르지 않으면 된다. 소리를 질러야 하는데 못 질러서 죽은 사람은 절대 없다. 꼭 소리를 질러야 하는 상황이란 것도 없다. 소리를 질러서 잘된 경우도 없다. 소리를 지르는 것은 문제를 해결하는 것이 아니라 또 다른 문제를 만들 뿐임을 명심해야 한다.

소리 지르는 것이 습관이 되었던 나는 TV를 끊듯 소리 지르는 습관도 끊어야 했다. 생각보다 어렵지 않았다. 소리를 지를 것 같으면 그 상황에서 잠시 벗어나서 심호흡을 한 번 하면 괜찮아졌다. 옛날 같았으면 그러고도 남았을 상황에서도 지금은 소리를 지르지 않는다. 다만, 조곤조곤 무엇이 잘못이 되었는지를 설명해 준다. 그러면 상대방은(아이든, 아내든) 내가 소리를 질렀을 때보다 더 잘 받아들이고 수긍하는 것을 느낀다.

거실에서는 절대 소리를 질러서는 안 된다. 훈육해야 할 상황이 생기면 거실이 아니라 방으로 불러서 해결하자. 거실은 절대적으로 평화의 공간이 되어야 한다.

우리 아이는 완벽해야 해!

한 번은 우리 아이가 어떻게 자랐으면 좋겠는지를 종합해 본 적이 있었다.

우선, 키는 평균 이상으로 커야 한다. 아주 잘 생겨서(혹은 예뻐서) 얼굴값 할 정도는 아니더라도 훈남, 훈녀 정도는 되어야 한다. 인사성은 지나치게 밝아서 주위 어른들의 칭찬도 자자해야 한다. 대인관계는 친구들을 리드할 수 있을 정도는 되어야 하지만 너무 나대면 안 된다. 머리도 좋아서 주위 어른들이나 선생님들이 부담을 느낄 정도이지만 부모 앞에서는 하염없이 어수룩하고, 거짓말은 죽어도 못해야 한다. 생각하는 것은 창의적이고 톡톡 튀면서도 무식하게 집요한 면이 있어서 자기가 해야 하는 일은 무슨 일이 있더라도 끝내는 강단이 있어야 한다. 예·체능 쪽에도 소질이 꽤 있지만 그쪽으로 나가고 싶어 하지는 않아야 한다.

자, 이 정도 되면 거의 사이보그 수준이다. 완벽한 DNA를 추출하여 완벽하게 성장시킨 유전자 조작 아이라면 가능할지도 모르겠다. 아이에 대해서 이러한 꿈을 가지고 있는 부모라면, 아이들이 커감에 따라 실망할 거리만 남게 될 것이다. 차이는 한꺼번에 크게 실망하느냐 서서히 실망하느냐, 실망하는 시기가 초등학교 때냐 중학교 혹은 고등학교 때냐이다.

프라모델 조립을 하고 놀던 시절에, 중간에 뭔가가 잘못되면 처음부터 다시 하고 싶어진다. 문제가 있는 상태에서 조립을 끝내보았자 완벽한 작품이 나오지 않을 것이기 때문이다. 도자기를 만드는 장인들도 보통 사람들이 보기에는 멀쩡하고 예쁜 도자기를 가차 없이 깨뜨려 버린다. 장인이라는 자신의 권위에 부합되지 않는 졸작이라는 이유 때문일 것이다.

아이가 완벽해야 한다는 생각이나 집착은 아이를 소유물로 생각하고 있다는 증거다. 그 완벽의 기준이 부모의 기준이다. 하지만 아이는 프라모델이나 도자기가 아니다. 그들의 인생이, 그들의 외모가, 그들의 성적이 마음에 들지 않는다고 갈아엎거나 깨뜨려 버릴 수는 없다. 부모에게는 그럴 권리 자체가 없다.

어차피 인간이라는 존재 자체가 불완전하다. 우리 어른들도 마찬가지 아닌가. 나는 아직까지도 하도 어설퍼서 매 순간을 반성하고, 태도, 행동, 습관을 끊임없이 수정해야 한다. 하물며 성장하고 있는 아이가 불완전하고 어설프고 유치한 것은 당연하다. 오히려 완벽하다면, 그건 인간이 아닌 신(神)의 아이일 것이다.

그런데도 부모는 아이가 완벽하기를 원한다. 부모 자신도 소유하고 있지 못한 인내심이나 절제력, 정리 정돈하는 습관, 무결점의 도덕심을 아이가 갖고 있기를 원한다. 그리고 그것에 흠집이 나면 부모 스스로 절망하고 낙망하며 아이를 필요 이상으로 야단하거나 비난하거나 협박한다. 그것은 부모가 건강한 자존감을 갖고 있지 못할 때 나타나는 현상이기도 하다.

엄마는 오늘도 아이에게 야단을 한다. 며칠 전에 사준 마스크를 잃어버린 것이다. '너'를 주어로 하여, 감정부사와 빈도부사, 의문부사가 동시에 작렬한다.

"**넌** 어떻게, **항상** 물건을 잃어버리니! **왜** 그래?"

거기서 한 발 더 나아가 '협박'을 한다.

"한번만 더 잃어버리면 다시는 안 사준다! 알았어?"

사실 어른들도 신경 쓰지 않으면 물건을 잃어버리기 일쑤 아닌가. 그런데 부모라는 특권을 이용하여, 자신의 실수는 대수롭지 않게 웃어넘기면서 아이들의 실수는 날을 세워 비난하고 몰아붙이는 것은 옳지 않다. 오히려, 아이의 불완전함에 감사하고 인정하고 안아주어야 한다. 대신 이렇게 말하자.

"네 물건을 챙기는 것은 중요한 일이란다."

이 세상 모든 아이는 불완전하다. 그것은 인간이라는 존재 자체가 하나님 앞에서 불완전한 것과 같다. 그럼에도 불구하고 그분은 우리를 사랑하시고 끊임없이 기회를 주신다. 하물며 부모가 아이에게 끊임없이 기회를 주고 끊임없이 사랑해주어야 하는 것은 당연하다. 그것이 부모의 도리다.

아이의 실수가 똑같이 반복되더라도 '어설픈 녀석'이라거나 '구제불능'이라고 욕해서는 안 된다. 기다려주고 인내해서 그런 실수를 스스로 줄이도록 격려해야 한다. 아이의 불완전함과 어설픔을 관용하지 못한다면 아이와는 평생 원수처럼 지내야 할 것이다.

거실은 서로의 불완전함을 받아들이고 이해하는 공간이어야 한다.

미안해, 네가 노는 꼴을 못 보겠어!

안전하고 행복한 거실공부가 되기 위해서는 아이러니하게도 거실에서 아이들이 노는 꼴을 잘 보아야 한다.

그런데 아이들이 노는 꼴을 절대로 못 보는 부모들이 있다. 이들은 항상 '다른 아이들은 공부하고 있을 텐데', '학원에 가 있을 텐데'라는 불안감에 사로잡혀 있어서, 아이가 공부의 형태를 가지고 있는 그 어떠한 행위라도 하고 있어야 안심한다. 아이가 멍하게 있거나, 만화책을 보거나, 컴퓨터를 하고 있으면 엄마의 분노 레퍼토리가 시작된다.

"너 숙제 없어?"

대답하지 못하고 머뭇거리거나, "있다"고 대답하면 바로 죽음이다. 자신 있게 "다 했다"라거나 "없다"라고 대답해도 긍정적이거나 밝고 명랑한 대답은 오지 않을 것이 분명하다. 왜냐하면 이 질문은 숙제가 있는지 없는지 궁금해서 던진 질문이 아니라, '네가 노는 꼴을 죽어도 못 보겠다.'는 의미이기 때문이다. 따라서 다음과 같이 소리를 지르게 될 것이다.

"그럼 책이라도 좀 읽어! 아니면 문제집이라도 더 풀든지!"

그래도 아이가 미적거리거나 투덜거리면 엄마는 더 큰 소리를 지른다. 그리고는 손에 잡히는 수학 문제집을 즉석에서 펼치며 아이에게 들이민다.

"여기서 여기까지 풀고 검사 맡아!"

이러한 즉흥적인 숙제 부과만큼 아이들을 열 받게 하는 것도 없다. 이때 가장 좋지 않은 현상이 아이들에게 방어적으로 생성된다. 모든 일을 질질 끄는 것이다. 30분이면 끝낼 숙제를 2시간 넘게 끈다. 일찍 끝내봤자 숙제는 더 늘어날 것이기 때문이다. 결국 습관이 나빠지고 집중력도 약해진다.

무엇을 하든 간섭하지 말라

아이가 할일을 다했고, 그 결과가 확실하면 그 이후는 무엇을 하든 신경 쓰지 마라. 물론 다음 사항은 제외해야 한다.

1. 시간제한 없는 컴퓨터게임, 스마트폰 게임
2. 남에게 피해를 입히는 행위
3. 자신을 위험에 빠뜨리는 행위

위 사항만 아니면 괜찮다. 영화를 보든, 만화책을 읽든, 보드게임을 하든, 멍을 때리든, 시체 놀이를 하든, 낙서를 하든, 신경 쓰지 마라. 특히 다음과 같은 말로 아이들의 일거수일투족을 간섭하는 것은 좋지 않다.

"그거 해서 뭐하니?"
"쓸데없이 그건 왜 꺼냈어?"
"이걸로 뭐 하려고? 도로 넣어놔!"
"책은 왜 이렇게 펼쳐놨니?"
"오늘은 추우니까 이 옷 입어."

부모 눈에 아무 짝에도 쓸모없는 것들을 모으거나, 별 거지같은 그림을 그리거나, 별의별 희한한 차림으로 동네를 돌아다니거나, 한여름에 두꺼운 옷을 꺼내 입으려 하더라도 그냥 내버려 두어라. 그러면서 느끼고 배우는 것이다.

부모가 사사건건 간섭하고, 평가하고, 비난하고, 칭찬을 남발하면 아이들은 모든 것을 부모한테 묻는다.

"숙제 다 했는데 그 다음 뭐할까?"
"책 읽어."
"책 몇 권 읽을까?"
"세 권 읽어."
"책 세 권 다 읽었는데, 놀아도 돼?"
"그러든지…."

"뭐 하고 놀까?"
"게임은 안 돼!"
"그럼, 나가서 놀아도 돼?"
"그러던지…."
"뭐 입고 나갈까?"

절대 좋은 징후가 아니다. 자존감이 지극히 약하다는 의미다. 이런 아이들은 스스로 아무 것도 결정하지 못한다. 엄마가 자기 무덤을 판 꼴이다.

아이들은 엄마가 자신에게 신경 쓰지 않고 간섭하지 않으면 극도의 심리적 안정감을 느낀다. 심리적 안정감은 건강한 성장을 이룬다. 건강한 성장은 지적욕구를 불러일으킨다. 혹시 누가 아는가. 아이가 스스로 찾아서 책을 읽거나 공부를 더 하게 될지.

거실에서 아이들이 노는 꼴을 잘 볼 수 있어야 한다. 아이가 거실에서 잘 논다는 것은 아주 좋은 것이다.

이걸 어떻게 모를 수 있니?

"아니, 어떻게 이것을 모를 수가 있지?"
"이게 이해가 안 된다고? 너 지금 장난하니?"
"야! 집중 안할래? 그러고도 네가 중학생이야?"
"아빠 어렸을 땐, 이걸 몽땅 다 외웠어."
"어떻게 하나를 가르치면 열 개를 까먹니?"

과거에 아주 공부를 잘했거나, 명문대 출신의 부모가 이런 실수를 자주 한다. 이런 부모들은 자신만큼 명석하지 못한 아이들을 절대 이해하지 못한다. 그리고 그것은 분노로 돌변한다. 소리를 지르고, 비난하고, 아이들에게 상처를 입힌 후, 결국에는 부부싸움으로 이어진다. '기-승-전-부부싸움'인 것이다.

부모가 명석하면 아이들도 그럴 가능성이 높지만, 다른 쪽으로 재능을 타고났을 수도 있다. 그것은 분노할 일이 아니라 오히려 감사해야 할 일이다. 그러므로 아이들과 공부를 하게 되면 아이라서 이해하지 못하는 것을 당연하게 받아들일 준비를 해야 한다. 그럴 수 있어야 거실이 평화롭다.

질문을 잘 받아 주어야 한다

아이들과 함께 공부를 하게 되면 아이들은 으레 질문을 하게 될 것이다. 이때 질문을 잘 받아주어야 한다. 질문에 대한 응대를 잘못하면 의사소통이 단절된다. 그러면 거실공부는 끝이다. 아이들이 스스럼없이 부모와 질문을 주고받고 토론할 수 있으려면 부모의 눈높이가 아이들의 눈높이에 가 있어야 한다. 어떻게 이런 것을 모를 수 있지? 하는 눈빛으로 아이를 쳐다봐서는 안 된다. 다음과 같은 말은 하지말자.

"네 나이 정도면 이 정도는 알고 있어야 되는 것 아니냐?"
"넌 이것도 모르니?"
"학교에서 이런 것도 안 가르쳐주던?"

나는 주유소 앞에 적혀 있는 '무연 휘발유'의 '무연'이 無煙이 아니라 '無鉛(납)'인 줄은 최근에서야 알았다. 어른도 이런데 하물며 아이들이야 오죽하겠는가.
대답을 해줄 때에도, 부모의 시각을 강조하거나, 부모의 개인적인 의견이나 취향을 강요해서는 안 된다. 아이들이 탄력적으로 사고할 수 있으려면 아이들의 의견이나 생각이 아무리 유치하더라도 일단 인정하고 존중해 주어야 한다.
이렇게는 말하지 말자.

"네가 아직 뭘 모르는구나."
"네가 크면 다 알게 될 거야."

"무식한 소리 좀 하지 마."
"너, 지금 그게 말이 된다고 생각해?"

대신 이렇게 말하자.

"그렇게 생각하는구나. 하지만 아빠 생각은 좀 달라."
"이해가 안 되면 이렇게 생각해보자. 예를 들어 볼께…"
"정부가 모든 것을 다 해줄 수는 없는 것 아닐까?"
"그 사람의 입장이 되어 보면 달라질 수 있지 않을까?"

여기서 부모는 무한한 인내심의 화신이 되어야 한다. 아이들에게 뭔가를 설명할 때는 천천히, 아이들이 이해할 수 있는 단어를 골라 사용하자. 그것이 기술이다.
"이렇게 쉬운 것을 왜 이해 못하니?" 라고 하거나, 설명하려다 말고 한숨을 푹 쉬면 아이들은 부모와 더 이상 공부하려 하지 않을 것이다. 아이들은 부모가 자신을 바보 멍청이로 여긴다고 생각할 것이기 때문이다.
단어, 지적 수준, 말의 속도를 아이들의 눈높이에 맞추어야 한다. 아이들의 질문에 진지하게 대답하고, 모르면 같이 찾아보는 성실함이 필요하다. 그러면 아이들은 부모한테 질문하는 것을 어색하게 생각하지 않을 것이고, 이 세상의 온갖 것들이 대화의 주제가 될 수 있다.
홍수는 왜 일어나는지, 유명 프로선수의 연봉은 왜 그렇게 높은지, 아프리카는 왜 항상 더운지, 우리나라가 왜 일본의 식민지가 되었는지, 혹은 식민지라는 것이 무엇인지, 왜 한 나라가 다른 나라를 식민지로 만들려고 했는지. 정작 나조차도 생각하지 못했던 질문을 해댄다. 그러면서 아이와 함께 부모도 부모로서 성장하고 지적으로 확대되는 것이다. 이런 것들이 대화다. 이 세상에 대해, 책에 대해, 지식에 대해, 문화에 대해, 역사에 대해, 예술에 대해 묻고 답하고 토론하는 것이 대화다. 아빠더러 아이들과 대화하라고 하면 대뜸 이렇게 말하지 않는가.

"요즘 공부 잘하냐?"
"요즘 몇 등 해?"
"용돈 좀 더 줄까?"
"컴퓨터 게임 좀 줄여."

이딴 게 대화가 아니라는 거다.

아이들은 당연히 아는 것이 부족할 수 있다. 처음부터 차근차근 설명해주자. 아이들이 유치하다고 생각하기 전에 훨씬 더 무식했던 부모 자신의 어린 시절을 기억해야 한다.

거실은 부모의 모든 것을 아이들의 수준에 맞추는 공간이어야 한다.

성적에 너무 민감하다

사실 이것은 부모의 탓만이 아니다. 성적으로 줄을 세우고, 성적으로 평가하고, 성적이 좋지 않으면 그 어떤 것도 인정하려 들지 않는 우리나라의 교육정책, 교육환경, 사회풍토 때문이다. 학교에 들어가기 전부터 '나는 몇 등인가', '누구 위에 있는가'에만 신경을 쓰는 현실 때문이기도 하다.

그러니 학교에서 그 과목을 통해 무엇을 배웠으며, 선생님과 어떤 이야기를 했고, 친구와 무엇을 했는지에는 관심이 없다. 몇 점인지, 몇 등인지, 몇 등급인지에만 관심을 갖는다. 미술시간에 어떤 그림을 그렸고 무엇을 만들었는지에는 관심이 없다. 그 작품으로 A를 받았으면 그때서야 좋아라 할 뿐이다. 마치, "창가에는 제라늄 화분이 놓여 있고, 지붕에는 비둘기가 살고 있는 분홍색 벽돌집을 보았어요."라고 말하면 잘 알아듣지 못하다가, "10만 프랑 짜리 집을 보았어요."라고 해야 비로소 알아듣는, 〈어린왕자〉에 나오는 무식한 어른들처럼 말이다.

성적에 대해 지나치게 민감한 부모의 아이는 늘 불안하다. 이런 부모와 함께 공부하게 되면 비난과 평가만이 오고갈 것이기 때문이다. 칭찬조차 부담스럽다.

"이거 똑바로 풀어라. 이렇게 하면 감점이야."
"이거 시험에 들어가? 안 들어가? 근데 왜 읽고 있어? 너 시간이 남아 도니?"
"이번에 수학 100점 맞은 애 몇 명이야? 걔네들 학원 어디 다닌대?"
"그것 보거라. 엄마 말대로 하니까 성적이 잘 나오잖아. 긴장 늦추지 말고, 조금 더 열심히 해. 알았어? 전교 1등은 한 번 해야 할 것 아냐!"

이런 대화만 오고간다고 상상해보라. 숨이 막힌다.

이제껏 우리는, 특히 부모는 공부와 성적을 지나치게 연결시켜 왔다. 그래서 공부를 잘하는 것과 성적이 좋은 것을 동일시해왔다. 공부를 했으면 성적으로 그 성과를 보기 원한다. 하지만 안전하고 행복한 거실공부를 위해서는 이 등식 관계를 바꾸어야 한다. 성적과 공부는 별개라고 생각해야 한다는 것이다. 하임 G. 기너트Haim G. Ginott의 〈부모와 아이 사이〉에서도, 부모가 학교 성적에 너무 열띤 관심을 가지고 개입하면, 아이의 자율성이 침해된다고 지적한 바 있다.

공부는 성적과 상관없이 계속해야 하는 것이다. 공부를 성적과 연결시키기 시작하면 공부 자체 보다는 성적에 더 신경 쓰게 되기 때문이다. 이렇게 되면 공부는 힘든 것, 하기 싫은 것이 되어 버리고, 성적으로 표시되지 않거나, 성적에 반영되지 않는 공부는 가치가 없는 것으로 생각하기 시작한다. 그 순간부터 공부의 기쁨은 사라지고 성적의 압박만이 남게 된다.

일선 학교에서조차도 모든 배움의 행위가 성적에 따라 결정된다. 수능에 들어가지 않는 과목의 경우에는 수업이 느슨해지거나 아예 이루어지지 않는다. 부모들도 문제다. 성적에 반영되지 않는 내용의 수업을 시간을 허비하는 것으로 여긴다. 아이들도 항상 이런 질문을 한다.

"이거 시험에 들어가요?"
"이거 범위에 들어가요?"

즉, 시험에 나오지 않고, 시험과목에 들어가지 않는 것은 중요하지 않는 것으로, 가치가 없는 것으로 생각한다. 그러한 교육 환경에서 자라 온 아이들이 배움에 대해, 진정한 공부에 대해 무엇을 느낄 수 있겠는가.

학교교육의 현실이 아무리 성적지상주의라 할지라도, **공부는 성적과 상관없이 그 자체로 가치 있는 것**이라는 사실을 끊임없이 가르쳐야 한다. 그것이 부모의 역할이다. 공부란 우리에게 숨이 붙어 있는 한 지속되어야 하는 삶의 생존방식이다. 공부하기가 멈추면 삶도 지속할 수 없다. 삶의 가치는 살아있는 동안 어떤 방식으로 공부하는가에 달려 있기 때문이다. 특히 우리 아이들이 살아가야 할 미래는 '평생교육의 시대'이다. 대학에서 공부한 지식의 유효기간은 길어봤자 5년이라고 한다. 즉, 죽을 때까지 공부해야 한다는 의미다. 그것이 가능하려면 공부를 좋아해야 한다.

그런데 대부분의 부모들은 명문대만 들어가면 공부할 필요가 없을 것이라는, 위험하기 짝이 없는 구라를 치고 있다. 그러니 아이들은 이 지긋지긋한 공부를 고3까지만 반짝하고 때려치우려고 한다. 실제로 미국 콜롬비아Columbia 대학의 조사에 따르면 아이비리그Ivy League - 미국

북동부 지역의 8개 사립대학 즉, 하버드Harvard, 예일Yale, 펜실베이니아Pennsylvania, 프린스턴Princeton, 콜롬비아Columbia, 브라운Brown, 다트머스Dartmouth, 코넬Cornell을 통틀어 부르는 말이다. – 에 진학한 한국 학생들의 자퇴율이 40%에 육박한다고 한다. 우리나라의 잘못된 교육관(觀)이 그 원인이 아닐까.

따라서 부모는 아이들과 거실에서 같이 공부는 하되, 아이들이 받아 오는 성적에 대해서는 다소 무관심해져야 할 필요가 있다.(무관심한 척이라도 해야 한다.) 아이들과 같이 토론하고, 설명하고, 조사하고, 필요하면 시험공부도 같이 해줄 수도 있지만 시험성적에 대해서는 눈과 귀를 닫는 것이 좋다. 잘 나와도, 잘못 나오더라도 그러려니 하는 자세가 필요하다. 중요한 것은 성적이 아니라 '시험이라는, 학교생활에서의 가장 중요한 이벤트에 최선을 다해서 준비하였는가'다. 그것만 점검하고 확인하면 된다.

그런데 보통 우리나라 부모는 그 반대다. 공부 활동은 모두 다른 사람들(학교선생님, 학원선생님, 과외선생님)한테 맡겨 놓고는 그 결과로 나오는 성적에만 관심을 갖는다.

"이 번에 몇 등이야?"
"수학 몇 점이야?"
"최선을 다 한 것 맞아? 그런데 왜 점수가 이 모양이야?"

그러니 아이들은 부모가 싫다. 한다고 했는데 성적은 초라하고, 가뜩이나 의기소침해 있는 상태에서, 부모까지 아픈 곳을 건드리니 말이다. 이제 바꾸어라. 아이가 성적표를 받아오면 그냥 이렇게만 말하라.

"고생 많았다. 수고했다."

그 이상의 말은 필요 없다. 물론 하고 싶은 말이 산더미 같다는 것은 안다. 이해한다. 나도 그러니까. 다만 아이에게 말고 다른 분께 하는 것이 좋겠다. 교회에서 하는 통성기도를 적극 추천한다!

아이는 부모와 공부하는 과정을 통해 이미 많은 것을 얻었을 것이다. 그 다음에 받는 성적은 덤이다. 시험을 치는 것은 아이들이므로 철저히 아이한테 맡기고, 아이가 모든 것을 책임질 수 있도록 뒤로 빠져 주어라. 그 성적의 책임은 아이에게 있다는 것을 명심하라. 다만 성적 때문에 스트레스를 너무 심하게 받을 경우에만 나서서 조정해 주면 된다.

거실은 공부의 진정한 의미를 가르치고, 그 가치를 몸소 보여주는 공간이어야 한다.

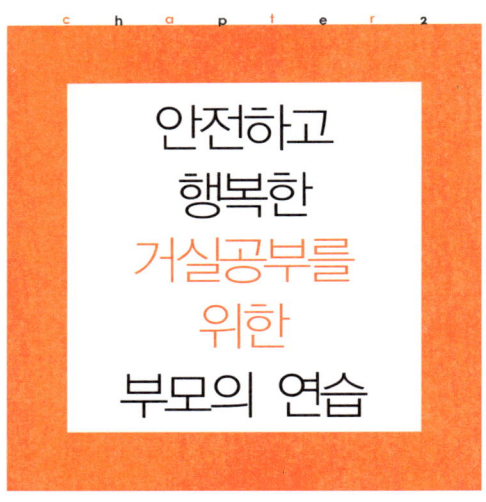

chapter 2

안전하고
행복한
거실공부를
위한
부모의 연습

생물학적 부모는 누구나 될 수 있다. 시쳇말로 '사고 치면' 된다.
하지만 부모다운 부모가 되는 것은 생물학적 부모가 되는 것처럼 쉽지는 않다.
시간이 해결해 주지도 않는다. 경력 10년의 부모가 경력 1년 미만의 부모보다
좋은 부모라는 보장도 없다. 어떤 분야의 전문가가 되기 위해서는
시간과 함께 노력과 연습과 훈련이 필요하기 때문이다.
좋은 부모 되기는 그 어떤 전문분야보다 어려울지 모른다.

있는 그대로, 생긴 그대로

아이들은 다양하다

아이들의 성향이나 적성, 능력을 결정짓는 것은 일단 환경보다는 유전자다. 유전자는 양쪽 부모로부터 물려받은 유전형질에 의해서 발현되는 것이기 때문에 태어날 때부터 이미 정해져 있다. 이 유전자는 아이들의 외모뿐만 아니라 성격, 학습형태, 재능을 결정한다.

어떤 아이들은 외향적이고 사교적이며, 어떤 아이들은 내성적이며 자기중심적이다. 활동수준이 높은 아이도 있고 낮은 아이도 있다. 주의가 산만한 아이가 있고, 어른보다 침착한 아이도 있다. 행동이 빠른 아이가 있고 속이 터질 정도로 느린 아이도 있다. 주의집중력이 높은 아이도 있고 낮은 아이도 있다.

여기서 부모가 조심해야 할 것은, 어떤 성향의 아이가 다른 성향의 아이보다 더 낫다거나, 더 나쁘다고 판단해서는 안 된다는 것이다. 그저 그 아이의 특징일 뿐이기 때문이다. 〈EBS다큐프라임〉 '당신의 성격'에서는, 우리가 흔히 장애라고 생각하는 'ADHD(주의력결핍/과잉행동장애)'마저도 그 아이의 특징일 뿐이지 고쳐야 할 장애가 아니라고 강조

한다. 그러한 아이들을 주로 가르치는 미국의 헌터스쿨 킴 자일 교장은 이렇게 말한다.

"주의력결핍장애를 고치려는 것은 옳지 않아요. 아이의 장점을 파괴하니까요. 우리는 주의력결핍장애를 강점으로 보고 있어요. 그러한 강점을 기반으로 교육을 합니다."

부모의 일방적인 판단으로 아이의 성향을 '나쁜 것'으로 규정해서 억지로 고치려 해서는 안 된다. 아이의 단점으로 보이는 것들이 반대로 그 아이만의 강점이 될 수 있기 때문이다. 이승헌의 〈아이 안에 숨어있는 두뇌의 힘을 키워라〉에서도, 소심한 아이는 신중한 것으로, 신경질적인 아이는 예민한 것으로, 집중력이 없는 아이는 다방면에 관심이 많은 것으로, 성급한 아이는 에너지가 넘치는 것으로, 산만한 아이는 창의적인 것으로, 제멋대로인 아이는 독립적이고 자발적인 것으로 볼 수 있다고 강조한다. 즉, 다양성의 문제이지 옳고 그름의 문제가 아니라는 것이다. 그러므로 아이의 성향을 있는 그대로 인정해주고, 그것을 통하여 나머지 부족한 부분을 보충할 수 있도록 격려해야 한다. 조급한 마음에 아이의 성향을 억지로 고치려 하다가는 있는 장점까지 소멸할 수 있다.

또한, 아이들의 다양한 성향은 어떤 원리나 이론으로 정해질 수 없다. 그것은 하늘의 별만큼 무수하고, 들꽃처럼 다채롭다. 아이들을 교육한다는 것은 원인과 결과가 분명한 과학실험과 같지 않다. 차라리 카오스chaos에 가깝다.
어떤 아이는 모든 환경이 완벽함에도 공부를 못한다. 어떤 아이는 모든 환경이 열악함에도 공부를 잘 한다. 어떤 부모는 아이들을 방임했더니

공부를 잘하더라고 자랑한다. 똑같은 상황에서 어떤 아이는 완전히 망가져 버린다. 어떤 아이는 학원을 지나치게 많이 다녀서 엉망이 되었고, 어떤 아이는 적절한 사교육의 도움으로 명문학교에 진학한다. 교육이라는 것이, 아이들을 키운다는 것이 그렇다. 이렇게 해서 이렇게 되고, 저렇게 해서 저렇게 되는 게 아니다. 그래서 어려운 거다. 그런데 부모는 늘 이런 질문을 한다.

"어떻게 해야 우리 아이가 정신을 차리고 공부할까요?"

이 질문에서의 아이는 '인풋input'에 따라 '아웃풋output'이 결정되는 객관적 사물로 인식되고 있다. 하지만 아이는 외부 자극에 수동적으로 반응하기만 하는 물체가 아니라 스스로 결정하고 움직이는 독립적인 인격체이다. 외부의 일정한 자극이나 투입으로는 제어할 수가 없다. 단지 부분적인 영향만 미칠 뿐이다. 부모는 그 부분을 인정해야 한다. 아이들의 모든 것을 컨트롤할 수 있다는 오만을 버려라. 아이는 부모가 제어할 수 없다. 아니, 제어할 수 있다면 그것이 오히려 비극이다.

부모와 다르다

부모의 유전자를 고스란히 물려받은 아이들은 많은 부분에서 부모와 닮아있긴 하지만 동시에 부모와 다르다. 성격, 취향, 특기, 사고방식이 완전히 다를 수 있다. 전혀 다른 재능을 가지고 있을 수도 있다. 나의 아이들도 나와 소름끼치도록 닮은 구석이 있긴 하지만 동시에 저 녀석이 정말 나의 유전자를 갖고 있는 생명체가 맞나 싶을 때도 있다.

부모와 같지 않다고 속상해 할 필요가 없다. 차라리 부모와 닮지 않아서 다행일 수도 있다. 자신의 부모와 다르게 태어나는 것은 유전자 입장에서 보면 생존을 위한 필수 전략이다. 그 다름을 인정하라. 그 방법 말고는 다른 방법이 없을 것이다.

인정해야 할 부분과 가르쳐야 할 부분

따라서 부모는 아이들에게서 인정하고 받아들여야 할 부분과, 가르쳐야 할 부분을 분리할 수 있어야 한다. 인정하고 받아들여야 하는 부분은 성격과 기질, 특기, 관심 분야 등이다. 가르쳐야 할 부분은 태도, 공부 방법, 문제해결 방법, 올바른 습관, 집안의 전통 등이다. 이 구분을 명확히 해야 한다. 이 두 영역을 혼동하면 '아버지를 아버지라 부르지 못하는 상황'이 일어날 수 있다.

인정해야 할 부분	가르쳐야 할 부분
성격 기질 관심분야 취미 좋아하는 것들	태도(행동, 말투, 인사, 예절 등) 공부 방법 사고방식 문제해결 방법 집안의 전통 독서법
감사하고 격려한다	대화와 규정을 통하여 가르치고 훈련시킨다

거실은 아이들의 다양함을 받아들이고 감사하는 공간이어야 한다.

아빠 바꾸기 연습

〈응답하라1988〉에서 성동일이 딸인 성덕선에게 말한다.

"잘 몰라서 그래. 아빠도 태어날 때부터 아빠가 아니잖아. 아빠도 아빠가 처음인데, 그러니까 우리 딸이 좀 봐줘."

지극히 맞는 말이다. 아빠는 아빠로 태어난 것이 아니다. 첫째는 어떻게 키우고, 둘째는 어떻게 키우고, 셋째는 어떻게 키워야 하는지 한 번도 배워본 적이 없다. 그래서 아이와 함께 아빠도 함께 커가는 것이다. 하지만 '안전하고 행복한 거실공부'를 위해서는 이러한 시행착오를 최소화해야 한다. 따라서 아빠가 먼저 배우고 바뀌어야 한다.

어떤 것들을 바꾸어야 하는지 살펴보자. 쉬운 것도 있고, 죽었다 깨어나도 못할 것 같은 것도 있을 수 있다. 되는 것도 있고 안 되는 것도 있다. 괜찮다. 그러면서 아빠로서 성장할 테니까.

곧장 귀가하기

퇴근하고 집으로 곧장 들어가면 지구에 큰일이라도 생기지 않을까 염려하는 아빠들이 있다. 이런 아빠들은 꼭 건수를 만들어야 한다. 직장 동료들에게 오늘 별일 없냐고 묻는다. 없다고 하면 한잔 하자고 한다. 있다고 하면 더더욱 한잔 하자고 한다. 이런 아빠들은 꼭 알코올 기운이 있어야지, 제정신으로는 도저히 귀가가 불가능한 것 같다. 혹은, 퇴근 후 곧장 귀가하는 것은 남자의 자존심으로써는 도저히 용납할 수 없는 일이라고 생각하는지도 모른다.

대부분의 조직은 아빠들 생활의 중심이 '조직'에 있어야 한다고 강조하고 회유하고 강요한다. 퇴근 후에도 항상 조직을 생각해야 하고 모든 에너지를 조직에 전폭적으로 올인 할 수 있어야 한다고 강변한다. 언제든 애니콜이어야 하고, 모든 생각, 모든 열정을 조직에 쏟아 부어야 성공할 가능성이 있을 것이라고 협박한다. 그러하지 못하는 경우에는 죄책감마저 느끼게 만든다. 그러니 퇴근 후 곧장 집으로 들어가는 것에 대한 엄청난 '찝찝함'이 있다. 만날 야근이어야 열심히 일하는 것 같다. 야근이 아니면 술자리에서라도 조직의 발전을 위해 토론을 벌이는 열정을 보여야 한다는 강박에 사로잡혀 있다.

하지만 다 거짓말이다. 아빠들의 삶의 중심이 어디에 있는지에 대해 조직은 그 어떠한 관심도 없다. 야근을 하든 안 하든, 삶의 중심이 조직에 있든 없든, 조직은 당신이 필요 없으면 냉정하게 내칠 것이다. 그때는 돌아갈 가정이라도 있어야 한다. 그런데 그 동안 가정을 희생하면서 일했던 우리나라의 아빠들은 가정에서조차 환영받지 못할 지도 모른다. 그러니 삶의 중심을 가정과 아이들에게로 옮겨라. 공식적이고도 중요한 야근이 아닌 이상 곧장 집으로 들어가자. 쓸데없이 밤거리에서 배회하지 말자. 그리고 최대한 많은 시간을 아이들과 함께 해야 한다. 후회하기 전에 말이다. 우리 아빠들에겐 시간이 그렇게 많이 남아 있지 않다. 다른 곳에서 행복과 삶의 의미를 찾으려고 하지 말라. 아이들이 있는 거실에서 행복을 찾을 수 없다면 다른 그 어떤 곳에서도 찾을 수 없을 것이다.

근무시간 내도록 직원들과 농담하거나 커피 마시거나 담배피면서 설렁설렁 일 하다가 퇴근 시간 되니까 야근한답시고 난리 치지 말자. 근무시간 동안 집중해서 깔끔하게 모든 일을 마무리하고 퇴근 시간이 되면 바로 집으로 들어가자. 이 습관이 우리 아이들을, 이 나라를, 이 지구를 그리고 결국 우리의 아빠들을 구원할 것이다.

술 줄이고 담배 끊기

혹시 내가, 아이들의 교육을 빙자하여 아내의 잔소리를 대신해주는 것은 아닌지 의구심이 든다면, 그건… 정말… 정확하다! 사실 잔소리라는 형태로 전해지기 때문에 듣기 싫은 것이지, 여자들의 말에는 틀린 것이 하나도 없다. 그건 인정하자. 다 옳은 말인데 그냥 기분이 나쁠 뿐이고 듣기 싫을 뿐이다.

술과 아주 가까운 상태에서는 아이들과 원만한 관계를 이루기는 현실적으로 힘들다. 술을 마시기 위해 허비해야 하는 돈과 시간도 문제이지만, 과음으로 빚어지는 각종 물리적, 언어적 사고는 아이들이 아빠를 멀리하게 만든다.

담배는 더욱 그렇다. 줄이는 정도가 아니라 그냥 확 끊어야 한다. 아이들과 얼굴을 맞대고 이야기하려면 아빠로부터 받는 거부감이 없어야 하는데, 그 거부감의 주된 요인 중의 하나가 담배 냄새다. 담배를 피우는 사람은 잘 모르겠지만, 그 냄새는 생각보다 강하다. 특히 간접흡연은 아이들의 지적 발달에 영향을 줄 정도라고 하며, 아이들의 흡연 가능성을 높인다고 한다. 이참에 앞뒤 잴 것도 없이 그냥 끊자. 인생이 향긋해 질 것이다.

나 홀로 취미 줄이기

물론 취미가 나쁜 것은 아니다. 하지만 아이들의 입장에서 봤을 때 바람직하지 않은 취미가 있을 수 있다. 그런 취미들의 가장 좋지 않은 조합은 다음과 같다.

집 밖 + 가족 배제 + 시간 소요

주로 집 밖에서 이루어지며, 가족이 배제되고, 많은 시간이 소요되는 취미는 일단 좋지 않다. 골프, 낚시, 각종 사행성 활동(경마, 경륜, 카지노 출입)이 여기에 속한다. 건전한 스포츠나 각종 동호회 활동이라도 가족이 배제된 상태에서 이루어지는 것이라면 바람직하지 못하기는 마찬가지이다. 주말이면 낚시가방 둘러매고, 혹은 골프가방 트렁크에 싣고서 탈출을 시도하는 것이 인생의 낙이 되어서는 곤란하다. 적어도 거실공부를 위한 충분한 시간을 확보하려면 이러한 취미를 바꿀 필요가 있다.

나는 전형적인 '테돌이(TV만 보는 아이)'였다. 결혼 전에는 하루 종일 TV만 본 적도 있다. TV는 고립된 나와 이 세상을 연결해 주는 유일한 연결통로 같아 보였다. 하지만 과도한 TV시청이 아이들의 교육에 좋지 않음을 느낀 후에는 끊을 수밖에 없었다. 그 대신 그렇게 싫어했던 야외활동을 하기 시작했다. 등산, 산책, 여행, 박물관·미술관 관람 같은 것이 새로운 취미가 되었다. 이제 더 이상, TV에는 미련이 없다. 그리고 새롭게 만든 취미에 재미와 행복을 느낀다. 목숨을 걸고 사수해야 할 취미라는 것은 없다. 취미는 취미일 뿐이다. 그러므로 아빠가 된 이상, 자신의 취미를 아이들과 같이 시간을 보낼 수 있는 것으로 바꾸어야 한다.

아이들과 함께 할 수 있는 취미 활동을 정리해 보았다.

수영(필수), 야구(캐치볼), 축구, 사이클, 배드민턴, 탁구, 하이킹, 사진 찍기, 박물관 견학, 1인 1악기 배우기(필수), 문화재 관람, 보드게임, 오락실 게임, 영화 보기, 만화시리즈 한 번에 다보기, 프라모델 조립하기, 레고 수집하기(좀 비싼 것이 흠이다.) …

욕하지 않기

간혹 욕을 입에 달고 사는 아빠들이 있다. 스스로는 깨닫지 못한다. 자신도 모르게 튀어 나오기 때문이다. 언어 습관은 객관적으로 돌아보아야 느낄 수 있다. 일상의 대화를 녹음해 보는 것이 가장 확실한 방법이다. 요즘은 스마트폰으로 아주 손쉽게 녹음할 수 있으니 활용해 보자. 녹음 한 것을 들으면 욕뿐만 아니라 습관성 비속어, 바람직하지 못한 말버릇, 거친 표현들이 그대로 포착될 것이다. 들으면서 적어보고, 그런 좋지 않은 말을 하지 않도록 의식적으로 노력해야 한다.

요즘 아이들이 흔히 쓰는 욕설 가운데 '졸라'라는 것이 있다. 대체적으로 '아주', '매우' 정도의 의미로 사용되는 것 같다. 아이들은 이것이 욕인지도 모른 채 거의 습관처럼 내뱉고 있다. 길을 가다가 아이들이나 청소년들의 대화를 우연히 듣게 되면 이 단어만 줄기차게 들릴 정도이다.

"졸라… 졸라… 졸라… 졸라…"

그 말이 '욕'이라고 지적해주면 아이들은 그것이 무슨 욕이냐며 항변까지 한다. 표준어가 아니냐는 아이들도 있다. 기가 찬다. 막대기 인간같이 생긴 '졸라맨'이라는 캐릭터의 영향도 큰 것 같다.
'졸라'라는 단어는 원래 '좆 나게'라는 부사어를 발음하기 쉽고 익살스럽게 변형시킨 것이다. 그럼 '좆'은 무엇인가. 말 그대로 남자의 성기를 가리킨다. 결국 아이들은 그 욕을 내뱉을 때마다 남자의 성기를 언급하고 있는 꼴이 되어버리는 것이다.

'씨발'이라는 욕도 마찬가지이다. 원래 '씹할'이라는 단어에서 발음이 유연해진 것이다. '씹'은 무엇인가. 바로 '섹스'를 의미한다. 영어에서도 정확히 대입되는 욕이 있다. 'fuck', 'fucking'이다. 이런 지저분한 단어를 아무렇지도 않게 사용하는 어른들이나 아이들, 심지어 여자들을 보면 섬뜩하기까지 하다.
언어는 사람과 문화의 수준을 결정하는 강력한 힘이 있다. '졸라', '씨

발' 같은 욕으로 도배되다시피 한 우리의 언어습관은 우리 사회의 수준을 결정해 버린다.

욕뿐만 아니라 습관적으로 내뱉는 부정적인 언어들도 문제이다. "죽겠다", "재수 없다", "지랄한다", "됐거든!" 같은 말들도 아이들 앞에서는 삼가는 것이 좋다. 우리 아이들의 예쁜 입에서 그런 지저분한 단어들을 몰아 내야한다. 아이들이 이러한 욕을 자주 사용하는 것은 일차적으로 부모, 특히 아빠 때문이다. 부모는 아이들의 언어에 지극히 민감해져야 한다. 언어가 그 사람의 수준을 결정해 버리기 때문이다.

귀차니즘 극복하기

이 세상에서 가장 귀찮은 일은 남이 시켜서 하는 일이다. 그 중에서 엄마가 시켜서 하는 일은 한 천만 배 정도 더 귀찮다.

"애 숙제 좀 봐줘!"
"수학 좀 가르쳐 줘."
"문제집 푼 거 좀 매겨줘."
"그리기 숙제 좀 도와줘."

거실 공부의 주도권을 엄마가 가지고 있다면, 자주 이러한 지시를 받게 될 것이고 아빠는 아주 괴로워하게 될 것이다. 엄마의 목소리가 높아지면 손가락 하나 까딱하기 싫었던 아빠는 하는 수없이 무거운 몸을 일으키지만, 육체보다 더 무거운 마음은 여전히 소파에 드러누워 있을 것이다. 아빠는 이때 유체이탈을 경험하게 된다.

이 '귀차니즘'에는 만족함이란 없다. 안온(安穩)함의 욕구는 거의 무한대이기 때문이다. 이 귀차니즘으로부터 벗어나는 길은 단 한가지뿐이다. 정면 돌파! 소파나 TV앞에서 쉬는 것은 절대 쉬는 것이 아님을 알아야 한다. 그럴수록 육체와 영혼은 퇴폐해져가고 아내와의, 아이와의 관계는 멀어질 뿐이다.

아빠는 절대적으로 거실공부의 주도권을 스스로 가져야 한다. 그 편이 나을 것이다. 왜냐하면 주도권을 가지고 하는 일은 남이 시켜서 하는 일보다 훨씬 덜 힘들기 때문이다. 거실공부의 주도권을 확보하고 적극적으로 참여하라. 그때부터 거실공부는 귀찮고 성가신 부담에서 재미있고 소중한 보람으로 변하게 될 것이다. 아내의 잔소리가 싹 사라져 버리는 것은 덤이다.

물론 퇴근해서 들어오면 피곤에 지쳐 축 처지기 십상이다. 이 상황에서 아이들과 함께 공부 한다는 것이 말처럼 쉽지는 않을 지도 모른다. 그런데 사실은 그렇지가 않다. 피곤한 마음과 몸은 소파에 널브러져 있음으로 해소되는 것이 아니기 때문이다.

몸은 좀 피곤하더라도 아이들과 함께 무엇인가를 해보기 시작하면 그것도 '적응'된다. 모든 '부정적인 태도'에 관성이 있듯, 모든 '긍정적인 태도'에도 관성이 있다. TV리모컨을 던져버리고 소파를 박차고 일어나 아이들과 함께 해보자. 전혀 예상하지 못했던 에너지가 솟아날 것이다. 재충전은 몸을 움직이지 않는데서 이루어지는 것이 아니라, '전혀 다른 일'을 함으로써 이루어지기 때문이다.

TV 끊기

아빠에게 있어서 TV시청이 인생의 전부이자 삶의 낙이라면 그것 또한 술, 담배만큼이나 좋지 않다. 퇴근 후 집에 들어오면서 아이들이나 아내보다 TV리모컨을 먼저 찾는다면 심각한 상태다. 가족들끼리 TV리모컨을 두고 싸우고 있는 상황이라면 진짜 가관일 것이다.

인생을 허비하는 가장 확실한 방법은 TV를 비롯한 사각형 미디어 화면에 자신의 인생을 투자하는 것이다. 소파에 드러누워 포테이토칩을 먹으며 TV화면에 영혼을 불사르는 '카우치 포테이토couch potato'만큼 퇴락하고도 나태한 삶은 없다. 아빠가 그렇다면 아이들도 십중팔구 그런 인생을 살게 될 것이다.

TV시청이 더 심각한 문제가 되는 이유는, TV를 시청하고 있는 동안 TV시청 이외의 모든 일들이 귀찮게 느껴진다는 데 있다.

"자기야, 이것 좀 도와줘."
"응, 잠깐만 이것만 보고…"
"애들 숙제 좀 봐줘…"
"응, 요것만 보고…"
"당장 TV 안 꺼?"
"왜, 귀찮게 해? 남편이 TV도 못 봐?"

아빠가 TV에 집착하고 있으면 이런 식으로 언성이 높아질 것이다. 부부 지간에 TV시청 문제로 언성이 높아지기 시작하면 집안 분위기가 말이 아니게 된다.

영화 〈트루먼쇼The Truman Show, 1998〉에서, 우리 모두가 불쌍히 여긴 사람은, 자신이 TV 프로그램의 주인공인지도 모른 채, 인생 전체를 그럴듯하게 꾸며진 TV 스튜디오 안에서 생활해야 했던 트루먼(짐 캐리Jim Carrey 분)이었을 것이다. 그러나 조금만 더 깊이 생각해 보면, 진짜 불쌍한 사람은 '트루먼'이 아니라 오히려 그 '트루먼쇼'라는 TV프로그램에 인생을 저당 잡힌 전 세계의 수많은 시청자들일지도 모른다는 생각이 든다. 그것도 24시간 생방송이니, '트루먼쇼 보기(TV보기)'를 빼면 그들 인생에 과연 무엇이 남아 있을까. 안 봐야지 하면서도 어쩔 수 없이 TV를 켜야 하고 그럴수록 피폐해져가고 공허해져만 가는 그들의 인생에는 오직 '트루먼'이 있을 뿐이지 않았을까.

트루먼이 TV스튜디오 돔을 탈출할 때, 수많은 시청자들이 환호한 것은 트루먼에 대한 연민 때문이기도 했겠지만, 그들 자신이 트루먼으로부터 해방되었기 때문이었을 지도 모른다. 즉 TV로부터 자유하게 된 것이다. TV가 켜져 있는 동안 우리의 인생은 온데간데없고 오로지 연예인, 저명인사, 뉴스앵커, 기자, 야구선수들의 인생만 있지 않는가.

아빠가 진짜 포기해야 하는 것

매우 중요한 가치를 가지고 있는 두 종류의 일이 있는데, 하나만 선택해야 하는 경우라면, 보통은 마감시간이 있는 일을 먼저 하는 것이 합리적일 것이다.

아이들에게 있어서 아빠의 도움이 필요한 초등학생, 중학생이라는 상황에는 마감시간이 있다. 아빠의 관심과 역할이 절대적으로 필요한 아이들의 사춘기에도 마감시간이 있다. 시간이 지나고 나면 그 어떤 방법으로도 되돌릴 수가 없다. 그 시기에 아이들은 노골적으로든 암묵적으로든 아빠를 필요로 한다. 그런데 한국의 아빠들은 그 중요한 일을 포기하고, 일을 선택하는 경우가 많다. 일만 선택하면 그래도 낫다. 일과 연관되어 있는 여러 불필요한 인간관계를 선택하고, 그런 관계를 지속하기 위한 술자리를 선택하고, 골프를 선택하고, (어떤 이유인지 명확하지는 않지만) 혼자만 즐길 수 있는 취미생활을 선택한다. 그러고는 시간이 없다고 한다. 일이 없는 주말이 되면 피곤하다고 한다. 나도 좀 쉬자고 한다. 이 세상일을 혼자서 다 하고 있는 모양이다.

아빠가 정작 포기해야 하는 것은 의미 없고 소비적인 인간관계이지 아이들과의 대화시간이 아니다. 아빠 혼자서 하는 골프나 낚시이지 아이들과의 공부 시간이 아니다. 매일 밤 부어라 마셔라 하는 술자리이지 아이들과의 토론 시간이 아니다. 주말의 공허한 TV시청과 늦잠과 나태함이지 아이들과의 스킨십과 야외활동이 아니다. 보석을 차지해야지 주변에 널려 있는 잡동사니에 집착해서는 안 된다. 하지만 결국 그것은, '포기'가 아니라 '구원'이었음을 깨닫게 될 것이다.

거실은 우리의 아빠가 변화되는 공간이어야 한다.

경청연습

유아기 일 때 아이는 행동이 폭발하는 시기이다. 잡고, 먹고, 일어나고, 기어 다니고, 걷다가 이내 뛰어다닌다. 그러다가 아동기가 되면 언어가 폭발한다. 이때의 아이들은 말을 하고 싶어서 입이 근질거린다. 똑같은 질문을 반복하기도 하고, 서로 먼저 말을 하겠다고 싸우기도 한다. 아이들끼리 말하는 것을 들으면 웃기기도 하고 유치하기도 하다.

아이들은 그런 과정을 통해서 어휘와 표현력을 연마한다. 그렇게 훈련된 어휘와 표현력은, 아이들로 하여금 자신의 감정과 상황을 묘사할 수 있게 한다. 이것은 외부 세상과의 의사소통을 가능하게 하는 아주 중요한 과정이다. 그러므로 부모는 절대 이렇게 말해서는 안 된다.

"쓸데없는 말 하지 마!"

성장하는 과정에 있는 아이들에게 '쓸데없는 말'이란 없다. 그러므로 아이들이 말할 때 그 내용에 대해 섣불리 판단을 내려서는 안 된다. 따라서 다음과 같은 말은 하지말자.

"모르면 가만히 좀 있어!"
"네가 뭘 안다고 그래?"
"무슨 터무니없는 소리야?"
"그게 지금 말이 된다고 생각 하니?"

혹은, 이렇게 말해도 안 된다.

"똑같은 질문 하지 마!"

똑같은 질문이 아닐 수 있다. 아이들은 어휘력이나 표현력이 부족하기 때문에 진짜 묻고 싶은 것과, 질문 내용이 다를 수 있다. 그럴 때 똑같은 질문을 계속 반복하는 것처럼 보이는 것이다. 이때 부모는 질문을 조금씩 수정해 주어야 한다.

"네가 알고 싶은 것이 혹시 이게 아니니?"

아이들이 말을 많이 할 때, 시끄럽게 떠들고 놀 때, 그때를 놓치지 말고 충분히 대화해야 한다. 입에 쇳덩이를 다는 날이 오기 전에 말이다. 그 시기를 미리부터 앞당길 필요는 없지 않은가. 그러므로 부모는 아이들의 말에 귀를 기울여 경청함으로써 충분히 말할 수 있도록 도와주어야 한다.
그런데, 아빠라는 종족들은 경청을 제대로 하지 못하는 경우가 대부분이다. 아빠들이 보여주는 경청의 잘못된 두 극단은 다음과 같다.

그저 듣고만 있기
판단하고 가르치려 들기

• 그저 듣고만 있기

듣는 것이 중요하다는 것을 문자 그대로 해석해서 아주 충실히 실천하는 경우다. 가만히 듣고만 있는 것은 경청이 아니라 무시하는 것이다. 말하는 사람을 투명인간 취급하는 것이나 다름없다.

• 판단하고 가르치려 들기

반대로, 들은 내용에 대해 바로 평가하고, 판단하고, 지적하고, 가르치려드는 것도 문제이다. 몇 마디 듣지도 않고 "네가 무슨 말을 하려고 하는지는 알겠는데…"라며 장광설을 늘어놓는다. 경청하랬더니, 설교를 하는 경우다.

• 제대로 된 경청의 방법

제대로 된 경청은 '적절한 반응'을 해 주는 것이다. 그 방법에는 몇 가지 단계가 있는데, 그 첫 번째가 아이들의 '호흡에 싱크sync하기'이다. 아이들이 헐레벌떡 달려와서 말하면 부모는 아이와 같이 숨이 찬 시늉을 해야 한다. 아이가 시무룩해 있으면 부모도 같은 표정을 지어 보여야 한다. 그러면 아이들은 부모도 자신과 같은 기분이라고 생각하게 되어 더 깊은 말을 하게 된다. 위로 받는 느낌이 들기 때문이다.

두 번째가 '공감적 반복하기'이다. 아이들이 하는 말을 한 번 더 반복해 주는 것이다. 즉, 아이가 "엄마 속상해."라고 말하면 엄마는 "우리 아들이 많이 속상한가 보구나."라고 맞장구 쳐준다. 그런데 이것이 사실 말처럼 쉽지는 않다. 부모는 "왜? 또? 뭣 때문에?"라고 말하고 싶을 것이기 때문이다. 가장 쉬운 방법은 "그랬구나." "그러니?"라고 응대하는 것이다.

세 번째는 약간의 기술이 필요한데, 바로 "심층적으로 공감하기"이다. 종종 사람들은 대화를 할 때 자신의 말을 부호화한다. 부호화란 자신이 원하는 것을 그대로 말하지 않고 돌려 말하는 것이다. 아이가 집으로 들어오면서 "엄마 라면 몇 개 있어?"라고 묻는 것은 집에 남아있는 라면의 실제적인 수량이 얼마인지 궁금하기 때문은 아닐 것이다. 그저 "엄마 배고파, 라면 끓여주세요."의 부호화일 뿐이다.

부모는 이렇게 부호화된 아이의 말을 해석하고 제대로 반응해 주어야 한다. 아이가 "엄마, 반 친구랑 싸웠는데 요즘 말도 안 해."라고 했다면, "그랬구나. 그래서 요즘 속상했구나. 넌, 그 아이랑 화해하고 싶은데, 선뜻 먼저 말할 용기가 나지 않는 것이로구나. 자존심도 상할 것 같고…"라고 해 주는 것이다. 다음 예문을 통해 좀 더 연습해 보자.

"숙제가 많아 힘들어, 아빠."

"…"(×)
"응…"(×)
"왜? 또 하기 싫어서?"(×)
"숙제가 많긴 뭐가 많다고 그래?"(×)
"잔소리 하지 말고 빨리 하기나 해!"(×)
"내가 숙제하는 것 도와줄까?"(×)
"그렇구나, 숙제가 많구나."(○)
"그렇구나, 숙제가 많아서 힘들구나. 밖에서 친구들과 놀고 싶은데, 숙제가 네 앞길을 막고 있는 거야, 그렇지?"(○)

"아빠! 누나가 내게 욕 했어!"

"…"(×)
"응…"(×)
"그래서?"(×)
"누나가 그럴 리 없어!"(×)
"네가 뭘 또 잘 못 했겠지!"(×)
"내가 뭐 어쩌라고."(×)
"난 안했다."(×)
"누나 불러왓!"(×)
"그래? 누나가 욕했다고?"(○)
"그랬어? 누나한테 욕 들어서 기분 나빴어? 너도 욕하고 싶은데 꾹 참았구나. 누나도 자신도 모르게 네게 욕을 해서 많이 속상해 하고 있을 거야."(○)

거실은 입 보다는 귀를 더 많이 사용하는 공간이어야 한다.

공감연습

훌륭한 성악가는 목소리가 큰 성악가가 아니다. 아주 작은 소리로 부를지라도 연주장을 가득 채우는 성악가다. 반면, 서툰 성악가는 목이 터져라 부르지만 그 소리는 무대 근처에서만 맴돌 뿐이다. 그 차이는 울림 때문이다. 울림이 좋다는 것은 정확한 음정으로 공명한다는 의미이다. 목소리의 좋고 나쁨, 강약은 그 다음 문제이다.

진동수가 같은 두 개의 소리굽쇠를 접근시키고 한쪽을 때리면 다른 쪽 소리굽쇠도 울린다. 이것을 공기를 매개로 해서 일어나는 소리굽쇠의 '공명현상'이라고 한다.

사람도 마찬가지다. 사람의 마음이 공명 상태에 있으면 아무리 작은 소리를 내더라도 반응하고, 동조하고, 강화된다. 반대로 공명상태가 아니면, 아무리 큰 소리, 옳은 소리, 위협적인 소리를 내더라도 움직이지 않는다. 움직이는 척 할 뿐이다.

엄마들의 잔소리가 아이들로부터 종종 무시되는 것은, 그 어떤 공명상태도 이루지 못한 상황에서 주야장천(晝夜長川) 옳은 소리만 해대기 때문이다. 그리곤 이렇게 말한다.

"내가 뭐 틀린 말 했니?"
"그래서, 뭐? 지금 네가 잘했다는 거냐?"
"내 말 대로 하면 자다가 떡이 나와. 그런데 왜 내 말 안 들어?"

맞다. 그럴 지도 모른다. 엄마의 말에 틀린 것 하나 없고, 엄마의 판단이 모두 정확하고, 엄마의 말을 들으면 자다가 떡이 나올 수도 있을 것이다. 하지만! 그저 싫다. 듣기 싫은 것을 어떡하나.

영화 〈우리는 동물원을 샀다We bought a zoo, 2011〉에서 아내를 잃은 벤자민(맷 데이먼Matt Damon 분)이 엉뚱하게도 패장 직전의 동물원을 인수하여 가족들을 데리고 들어가 살게 된다. 아들은 그런 아버지를 미워하게 되고, 결국 극단적인 갈등으로 치닫는다. 그런데 이들이 화해하는 장면이 인상적이다. 서로에게서 듣고 싶은 말을 상대방이 되어서 해주기로 한 것이다. 아들이 이렇게 말한다.

"이 촌구석에 끌고 와서 미안해."

그러자 아빠가 답한다.

"아빤 최고에요."

순간 그 동안의 갈등이 눈 녹듯이 사라진다. 아빠, 벤자민은 자신이 아들에게 진심어린 사과와 공감만 해 주었어도 이렇게까지 갈등하지는 않았으리라는 사실을 깨달았고, 아들 또한 강하게 보이던 아빠가 사실은 아들로부터 '칭찬'을 바라는 아주 연약한 존재임을 알게 되었다. 서로 '공명'한 것이다. 서로의 마음을 알아주는 것이 얼마나 중요한 일인가를 아주 감동적으로 보여주는 장면이었다.

'공명'한다는 것, 즉 '공감한다는 것'은 다른 말로 바꾸면 '불쌍히 여기는 것'이다. 사람들은 겉으로는 자신이 불쌍히 여겨지는 것을 불쾌하게 생각한다. 그래서 누군가가 불쌍한 눈길로 쳐다보면, "왜 내가 불쌍해 보여?"라며 도끼눈을 치켜뜰지도 모른다. 그리고 괜찮은 척한다. 아무렇지도 않은 척한다. 위로가 필요 없는 척한다. 하지만 깊은 내면에는 '내 마음을 좀 알아줬으면' 하는, '내 이 불쌍한 처지를 좀 봐 줬으면' 하는, 그래서 '누가 나를 좀 위로해줬으면' 하는 그런 마음이 분명히 있다. 그 마음을 알아주는 것이 바로 '공감'이다.

가끔씩이라도 하고 싶은 말을 꾹 참고, 서로가 듣고 싶어 하는 말을 해 주어야 할 때가 있다. 가족들 간에는 그런 시간이 더욱 필요하다. 가끔씩 아이들과 함께 서로에게서 듣고 싶은 말을 적어 보는 시간을 가져 보자.(99페이지 참고)

가족이니까, 편하니까, 다 아니까, 심하게 말해버리고 끊임없이 상처를 준다. 그래서는 안 된다. 가족이니까 더 조심하고, 더 세심히 돌아보아야 한다. 남한테 하는 것보다 더 뾰족하고 불편한 말을 부부끼리, 아이들에게 퍼붓곤, 후회하고 그리고는 아파한다. 그래도 속마음은 알아줄 것이라 철썩 같이 믿는다. 참 어리석은 믿음이 아닐 수 없다.

거실은 서로의 마음을 알아주는 공간이어야 한다.

- **엄마, 아빠에게서 듣고 싶은 말**

- **아이들에게 듣고 싶은 말**

말하기 연습

잔소리가 아닌 대화하기

거실공부를 시작하게 되면 아이들과 계속 대면해야 하고, 필연적으로 아이의 부족한 부분이 자꾸 눈에 보이게 될 것이다. 아이의 나쁜 습관, 형편없는 성적, 대충 해버리는 숙제, 지저분한 책상 같은 것이 부모의 속을 뒤집어 놓을 것이고, 자연히 잔소리가 늘어난다. 분명히 말해두지만, 잔소리를 끊을 자신이 없으면 이 거실공부는 시작하지 않는 것이 좋다. 오히려 아이들과의 관계만 확실히 나빠질 것이기 때문이다.

부모의 잔소리는 아이들과의 관계를 단절시키는 가장 효과적인 방법이다. 물론 어떤 말을 '잔소리'로 정의하느냐에 있어서는 말하는 사람과 듣는 사람의 입장 차이가 있기는 하다. 부모 입장에서는 잔소리가 아니라 '관심'과 '사랑'이겠지만, 아이들 입장에서는 모조리 '잔소리'로 인식되어서 머릿속 휴지통으로 직행할 수밖에 없는 이유다.

상대방의 언어를 잔소리로 인식하기 시작하면 의사소통이 거의 되지 않는다. 단절만이 생길 뿐이다. 그럴수록 서로에게 점점 더 공격적이 되고, 서로를 비난하게 되며, 결국 감정의 골만 깊어진다.

단언컨대, '잔소리'로는 아이들은 절대 바뀌지 않는다. 바꾸는 것 같아 보이는 경우는 그 상황만을 모면하기 위한 눈속임일 뿐이다. 따라서 잔소리를 하나 안 하나 마찬가지라면, 그 때문에 오히려 관계가 더 악화된다면, 차라리 잔소리를 아예 하지 않는 것이 더 낫다.

자, 그러면 어떻게 해야 '잔소리'로 오인되지 않고 아이들에게 하고 싶은 말을 할 수 있을까. 아주 사소한 방법에서 차이가 난다. 내용이 아니라 말하는 방식이 문제이기 때문이다. 타이밍과 사용하는 단어에도 신경 써야 한다.

• **잔소리는 콜라, 대화는 물**

흔들어서 뚜껑을 따면 폭발하는 콜라처럼, 아이들의 잘못된 행동에 바로 반응해서 몰아붙이면 잔소리가 된다. 그렇게 되지 않으려면 혼낼 것과 훈계할 내용을 정리하고 흥분을 가라앉힌 상태에서의 가르침이어야 한다. '감정'이라는 탄산을 모두 제거한, 흔들어도 터지지 않는 물이어야 한다.

• **잔소리는 비난, 대화는 해결**

아이들의 잘못에 대해 비난하기는 너무 쉽다. 감정대로 퍼부으면 된다. 하지만 그것은 아이들에게 상처를 주고 관계를 멀게 한다. 대신, 같이 고민하고 해결책을 찾으려 하는 것이 대화이다. 그 과정에서 서로를 공감하고 이해하는 능력이 길러진다.

• **잔소리는 You-Message, 대화는 I-Message**

잔소리는 '너, 너, 너'라고만 한다. 네가 어떻고, 네가 잘못이고, 네가 문제라는 것이다. 항상 아이를 비난하고 판단한다. 대화는 내가 이러하다, 내가 이런 상태이다, 내게 문제가 있는 것은 아닐까, 그래서 우리 같이 고민해보자는 진솔한 마음을 드러내 보이는 것이다.

- **잔소리는 감정적 발산, 대화는 지적 수용**

잔소리는 무분별하게 감정을 발산해서 아이에게 상처를 입힌다. 그것도 걸러지지 않고 정제되지 않은 아픈 언어를 비수처럼 날려 관계를 깨 버린다. 대화는 상대방의 비수를 조용히 품어주는 수용이다. "그렇게 힘들었구나."라고 말하며 안아주는 것이다.

- **잔소리는 부사, 대화는 접속사**

잔소리는 '항상', '언제나', '늘', '한번도' 같은 부사를 남발해서 듣는 사람의 감정을 자극한다. 대화는 '그렇지만', '그래도', '그리고', '그럼에도 불구하고' 같은 접속사를 써서 대화할 공간을 주고 건강한 관계를 유지시킨다.

- **잔소리는 "어떻게 그럴 수 있니?", 대화는 "그럴 수도 있어"**

잔소리는 "어떻게 그럴 수 있니?"라며 일찌감치 마음의 벽을 쳐버린다. 절대 이해하지 못하겠다는 단정이기 때문이다. 대화는 "그럴 수도 있어"라는 여지를 만들어 준다.

다음 상황을 통해 잔소리와 대화를 구별하여 보자.

- **아이가 숙제를 하지 않고 빈둥거릴 때**

  -잔소리 : "너 숙제 안하고 뭐해? 응? 너 지금 뭐하고 있냐고 묻잖아!"

-대화 : "숙제 언제까지 끝내야 한다고 했지?"

• 숙제 안 해왔다고 선생님한테서 전화 왔을 때
　　-잔소리 : "너 일루 와봐! 왜 숙제를 안 해! 왜 그래?"
　　-대화 : "하루에 해야 할 숙제가 얼마나 되는지 우리 이야기 한 번 해 보자. 너무 많은 건 아닌가."

• 아이가 자꾸 소지품을 잃어버릴 때
　　-잔소리 : "너 자꾸 잃어버리면 다시는 안 사준다!"
　　-대화 : "소지품 넣어 두는 곳을 정해두면 쉽게 잃어버리지 않아."

• 아이가 뭔가를 깨뜨렸을 때
　　-잔소리 : "다 부숴라. 이번에는 뭘 또 깨 잡수셨나?"
　　-대화 : "다치지 않았니? 조심해서 치우도록 해."

• 아이가 연락도 없이 늦었을 때
　　-잔소리 : "전화는 뒀다 뭐해? 손가락 부러졌어? 번호 못 눌러?"
　　-대화 : "연락도 없이 이렇게 늦으면 엄마가 많이 걱정이 돼."

• 아이가 상장을 받아왔을 때
　　-잔소리 : "그거 다 주는 거니? 네가 웬 일이냐?"
　　-대화 : "우와! 대단한데? 항상 열심히 하는 네가 자랑스러워."

• 말을 잘 듣지 않을 때, 똑같은 실수를 반복할 때
　　-잔소리 : "도대체 왜 그래! 왜 항상 엄마를 무시하는 거니? 응?"
　　-대화 : "네가 말을 듣지 않으니까, 내가 너무 속상하고 화가 나."

- **스마트폰만 들여다보고 있을 때**
  - 잔소리 : "스마트폰 집어넣어라. 넌 도대체 폰 밖에 모르냐?"
  - 대화 : "(웃으며)난 가끔 네가 보는 그 스마트폰 부숴 버리고 싶다는 생각이 들어."

I-메시지로 피드백하기

앞에서 잔소리가 아닌 대화를 하라고 했다. 그리고 그 대화기법의 전통적이고도 중요한 테크닉이 'I-메시지'이다. 이 기법은 상대방의 입장을 존중하면서도 화자(話者)의 입장과 상대방이 개선해야 할 부분들을 건강하게 피력하는 방법이다. 과정은 이렇다.

1. 상대방의 객관적인 사실 명시
2. 나의 기분, 상황, 상태 설명
3. 이렇게 해주면 좋겠다는 바람의 표현

아이가 학교에 준비물을 챙겨가지 않았다. 그에 대해서 'I-메시지'와 'I-메시지'가 아닐 때의 차이점을 보자.

- **I-메시지가 아닌 경우**
"너 오늘도 준비물 챙겨가지 않았더구나. 넌 도대체 학교에 무슨 생각으로 다니는 거니? 왜 챙겨가지 않은 거야? 왜? 계속 그럴 거면 학교 때려치워!"

무엇이 느껴지는가? 감정부사와 의문부사들이 난무하고 있으며, 극단적 처방을 쏟아 내고 있다. '오늘도'라는 부사를 사용해서 전에도 그런 일이 있었음을 암시한다. 이러한 표현을 쓰면 "어제는 안 그랬어!"라며 말꼬리 잡기가 시작될 것이 분명하다. '넌 도대체'라는 말을 사용해서 '너는 구제불능이다'는 말을 하고 있다. 아무 의미 없는 '왜'라는 의문부사를 사용해서 아이의 말문을 막아버린다. '학교 때려치워!'라는 표현으로 아이를 위협하고 절망감을 준다. 이런 식으로 말하면, 말하는 사람의 입장에서야 시원하겠지만 그 말을 듣고 있는 아이는 잘못을 뉘우치기는커녕 반감만 가질 것이다.

혼을 내지 말라는 것이 아니다. 혼을 내되, 지혜롭게 내라는 것이다. I-메시지는 지혜롭게 혼내는 방법 중 하나이다. 정말 훈련이 필요하다. 감정의 절제가 절대적으로 선행되어야 하기 때문이다.

I-메시지를 연습해보자.

- **I-메시지**

"너 오늘 준비물 챙겨가지 못했더라. 제대로 수업에 참여하지 못한 것 같아 걱정이 돼. 앞으로 준비물이 있으면 미리 내게 말해주거나 스스로 챙겨갔으면 좋겠어."

여기서는 '오늘도'가 아니라 '오늘'이라는 단어를 사용함으로써 이번 실수만을 언급하고 있다. 평상시에는 잘 하다가 오늘만 그렇다는 느낌을 줌으로써 감정을 다치지 않게 하고 말꼬리를 잡히지 않는다. 그리고 바로 '내가 어떠하다'고 말한다. '너'를 비난하고자 하는 마음이 없다. "앞으로 ~했으면 좋겠다."는 말로 고치고 개선해야 할 내용만 전달한다. 물론 이런 식으로 말한다고 해서 바로 행동의 변화가 있지는 않을 것이다. 당장 내일도 준비물 챙겨가지 않을 수 있다. 하지만 적어도, 아이와의 관계가 나빠지거나, 아이가 불필요한 상처를 받지는 않을 것이다. 그것이 중요하다.

I-메시지를 사용하라고 했더니 아빠들은 이런 식이다.

"내가 어렸을 때는 말이지…"
"나로 말할 것 같으면…"

미안하지만 그건 I-메시지가 아니라 그냥 지 자랑이다.

화내는 것과 혼내는 것 구분하기

부모들은 '화내는 것'과 '혼내는 것'을 혼동한다. 화를 내는 것은 자신의 부정적인 감정을 다른 사람에게 발산하는 것이고, 혼을 내는 것은 아이의 잘잘못을 따지고 건강한 방향으로의 전환이 이루어질 수 있도록 피드백 해주는 것이다. 더 전문적인 용어로는 '훈육'이라고 한다. 그런데 대부분의 부모들은 아이에게 '화풀이 하는 것'을 '혼을 내는 것'으로 착각한다. 심지어 화가 풀리기 전에 빨리 아이를 혼내야겠다고 생각하기도 한다. 즉, 화가 풀리면 혼을 낼 필요가 없다고 생각하는 것이다. 완전히 틀린 생각이다.

'화난 상태'와 '혼내는 것', 이 두 상황은 전혀 다른 문제이며 엄격하게 분리해야 한다. 감정적으로 화가 나 있는 상태에서는 절대 아이들을 혼내면 안 된다. 혼내는 부모나 혼나는 아이나 둘 다 불행해진다. 그 과정에서 깊은 상처를 주고받을 수 있다. 부모는 부모대로 속상하고 아이는 아이대로 분을 쌓는다. 특히 한국 엄마들의 전매특허인 '너 죽고 나 죽자'식으로 야단하는 것은 절대 금물이다.

화난 감정이 잦아들고 그 상황이 객관적으로 이해되었을 때, 그리고 아이를 어떻게 혼낼지에 대한 검토가 끝났을 때 아이를 혼내야 한다. 이때에도 최대한 이성적으로, 합리적으로 접근해야하며, 사안이 중대할 경우에는 추상(秋霜)같이 꾸짖어야 한다. 이때는 집안의 전통에 따라 회초리를 사용해도 된다고 생각한다. 이러한 회초리의 사용은 감정의 폭발로 이루어진 손찌검과는 전혀 다르며 안전하고 효과적이다.

감정에 동요된 나머지 원칙 없이 이루어지는 화풀이 같은 훈계는 교육적인 효과가 전혀 없다. 오히려 아이들의 반발심만 일으킬 뿐이다. 아이가 어릴 때는 받아들이는 것처럼 보이지만 중학생이 되고, 고등학생이 되면 충돌하기 시작할 것이다. 그럴수록 엄마는 더욱 감정적이 되고, 아이는 더욱 반항한다. 결국 아이들과의 소통이 단절된다.

절대 화난 상태에서 혼을 내어서는 안 된다!

다정하지만 단호하게 말하기

거실공부를 시작하게 되면 아이들에게 무엇인가를 자꾸 하라고 말해야 한다. 그런데 문제는 이 말들이 '잔소리'의 형태로 전달될 가능성이 많다는 것이다. 앞에서 말했다시피 '잔소리'에는 의사소통 기능이 거의 없다고 봐야한다.

여기서 부모들은 '다정하지만 단호하게' 말하는 방법을 찾아야 한다.

그런데 부모들은 '화내는 것'과 '혼내는 것'을 혼동하듯이 '다정한 것'과 '단호한 것'을 혼동한다. 즉, 단호한 것을 '화를 내는 것'으로, 다정한 것을 '모든 것을 허용하는 것'으로 생각한다. 하지만 다정하다, 다정하지 않다는 정이 많고 적음을 나타내는 심성에 관한 것이고, 단호하다, 단호하지 않다는 의사소통의 방식에 관한 것이다. 전혀 별개의 문제다. 따라서 같은 내용을 말하더라도 다정하게 말할 수 있고, 오만정이 떨어지게 말할 수 있다.

• **숙제를 다 했는지 확인할 때**
화를 내는 말투 :
"왜 아직도 숙제 안했어? 하루 종일 뭐 한 거니? 응? 너 말 안 들을래? 넌 한 번도 약속을 지킨 적이 없잖아! (아이가 투덜투덜) 지금 뭘 잘했다고 말대꾸야? 당장 들어가서 숙제 안 해?"
단호한 말투 :
"숙제 다 했니? 덜 했어? 언제 하려 하니. 숙제는 미루지 않는 것이 좋겠어. 놀러나가는 것은 다하고 난 다음이다. (아이가 투덜투덜) 어쩔 수 없어. 약속은 약속이니까."

• **컴퓨터 그만 하라고 할 때**
화를 내는 말투 :
"너 지금 뭐해? 아직까지 컴퓨터 하고 있으면 어떡해? (아이가 투덜투덜) 뭐? 너 지금 몇 시간째인 줄 아니? 당장 안 꺼? 컴퓨터 박살내기 전에! 당장 꺼라!"
단호한 말투 :
"(타이머를 보여주며) 약속한 시간이 벌써 지났다. 아쉽지만 오늘은 그만."

사건에 집중하라!

아이가 명백한 잘못을 저질렀을 경우, 야단을 해야 한다. 하지만 이때에도 명심해야 할 원칙이 있다. 아이를 비난하지 말고, 아이가 저지른 사건에 집중하라는 것이다.

- **부모를 속이고 놀러갔을 때**

아이를 비난 :
"너 왜 이렇게 정직하지 못하니? 응? 벌써부터 엄마를 속이면 나중에 뭐가 되는지 아니? 너 사기꾼 되고 싶어?"

사건에 집중 :
"엄마를 속이는 것은 나쁜 짓이야. 놀러나가고 싶을 때는 정직하게 말하는 것이 좋아. 어떤 벌을 받을래?"

- **연락 없이 늦게 들어왔을 때**

아이를 비난 :
"너 지금 몇 시야? 어디를 돌아다닌 거니? 네가 지금 이러고 다닐 때냐? 얘가 도대체 시간관념이 없어!"

사건에 집중 :
"아무 연락 없이 이렇게 늦게 들어오면 어떡하니. 엄마가 걱정할 거라고는 생각하지 않았니?"

괜찮다고 말해주기

보통 아이가 어릴 때는 "괜찮다"는 말을 자주 해준다. 아이가 걸음마를 배우다가 넘어지기라도 하면 얼른 달려가 안아주며 "괜찮다"고 말해준다. 똥을 싸도, 찡찡거려도, 시도 때도 없이 울어도 "괜찮다"고 해준다. 이때의 부모는 무한한 인내심의 화신이다. 부모는 그것이 당연하다고 생각한다. 아이가 태어난 것만으로도 감사할 일이며 감격스럽기 때문이다. 하지만 이 감격스러움이 영원히 지속되지는 못한다.

세월은 흐르고 아이들도 자라서 초등학생이 되고 중학생이 된다. 아이도 변했고 부모도 달라졌다. 더 이상 부모는 인내하지도 기다려주지도 않게 되었다. 그리고 괜찮다는 말 대신, 이런 말을 주로 한다.

"큰일이다."
"너 어쩔래?"
"이래서 되겠니?"
"그거 아닌 것 같은데."
"아냐, 아냐, 아냐. 그러지 마."

말을 듣지 않아서 큰일, 성적이 떨어져서 큰일, 나쁜 친구들 때문에 큰일, 숙제를 안 해서 큰일… 큰일… 죄다 큰일뿐이다. 부모의 입장에서는 아이들의 모든 것들이 불안하고 불만스럽고 마음에 들지 않고, 실로 '괜찮지'가 않다. 그 마음이 부모가 사용하는 언어에서, 표정에서, 행동에서 그대로 드러난다. 이 '괜찮지 않은' 부모의 표정과 언어와 행동이 거실에 가득차면 거실은 아주 불편한 공간이 되어 버린다.

사실은 부모가 굳이 표시내지 않더라도 아이들은 스스로 무엇이 문제인지 안다. 하지만 두렵고, 불안하고, 자존심 상하기 때문에 인정하고 싶지 않을 뿐이다. 고쳐야하고, 더 노력해야 하고, 부모님 실망시키지 않아야 한다는 것도 잘 안다. 굳이 부모가 지적해주지 않더라도 말이다.

그러므로 아이들이 '괜찮지 않은' 자신의 상황을 스스로 수정하고, 고쳐나갈 수 있도록 부모는 격려해 주어야 한다. 그러므로 괜찮지 않은 상황이라도 이렇게 말하자.

"괜찮다 애야. 괜찮아."

하지만 부모로부터 괜찮다는 말을 워낙 듣지를 못하게 되니 이젠 아이들이 직접 말하기 시작한다.

"아~ 괜찮다고!"
"아~ 됐다고!"

아이들은 제발 자꾸 큰일이라고 하지 말라고, 간섭하지 말라고, 잔소리 하지 말라고 하는 것 같다. 하지만 그럴 때면 부모들은 이렇게 소리 지른다.

"괜찮긴 뭐가 괜찮아?"

그러니 아이들은 이제 더 이상 부모하고는 대화가 통하지 않는다고 생각한다. 자, 눈 딱 감고 이렇게 말해보자.

"괜찮아."

진짜 큰일처럼 보이더라도,

"괜찮아."

그리고는 아이를 꼭 안아주고 이렇게 말해보자.

"정말, 괜찮아."

태어난 아이를 처음으로 품에 안았던 것처럼, 모든 것을 다 받아주고 이해해주고 기다려주었던 때처럼 말이다. 지금은 그때가 아니라고? 그럴 시간이 없다고? 바로 지금이 제일 필요한 때인지 모른다.

거실은 정말 '괜찮은' 공간이 되어야 한다.

칭찬, 제대로 하기

칭찬은 좋은 것이지만 모든 칭찬이 다 좋은 것은 아니다. 제대로 된 칭찬만 좋은 것이다. 적절하지 못한 칭찬은 오히려 아이들에게 독이 된다. 특히 아빠들의 무조건적이고 무분별하고 생각 없는 칭찬은 아이를 망칠 수 있다.

EBS다큐멘터리 〈학교〉에서 실제로 실험을 해 보았다. 아이들을 두 모둠으로 나누어서, 두 모둠의 아이들에게 비슷한 문제를 풀렸다. 모두들

거뜬히 풀 수 있는 쉬운 문제들이었다. 문제풀이가 끝난 후, A모둠의 아이들에게는 다음과 같이 칭찬했다.

"머리가 좋구나."
"참 똑똑하구나."

그리고 B모둠의 아이들에게는 다음과 같이 칭찬했다.

"차근차근 풀었구나."
"실수하지 않고 열심히 했구나."

그런 다음, 다시 아이들을 불러서, "다음 문제를 풀 차례인데, 두 종류의 문제가 있으므로 선택을 하라."고 했다. "하나는 아까 풀었던 것과 비슷한 수준의 문제이고, 다른 하나는 아까 보다 어려운 문제"라고 설명해 주었다. 그런데 놀라운 현상이 일어났다. B모둠의 아이들은 더 어려운 문제를 푸는데 주저하지 않은 반면, A모둠의 아이들은 하나같이 아까와 비슷한 수준의 문제를 풀겠다고 답했다. 왜 그럴까.
이유는, 과도하거나 평가를 내리는 듯한 칭찬이 아이들에게 오히려 불안감을 주었기 때문이었다. '머리가 좋다', '똑똑하다'는 타인의 평가를 깨뜨리지 않아야겠다는 중압감이 생겨서 소심해지고 실패를 두려워하게 되는 것이다. 반면, 과정과 노력에 대한 구체적인 칭찬은 그런 위험성이 없었다. 칭찬에도 나쁜 칭찬과 좋은 칭찬이 있는 것이다.

"이렇게 빨리 풀다니 넌 수학천재구나."(x)
"이런 식으로 식을 세웠구나. 아주 참신한 방법이다."(○)

"그림도 잘 그리네. 넌 어쩜 못하는 게 없니?"(×)
"빨간색에 노란색을 대비시키니 산뜻하다."(○)

"넌 정말 천재적인 작가야!"(×)
"여기서 사용한 표현은 전달하려는 의미를 잘 나타내주는 것 같다."(○)

공전의 베스트셀러였던 켄 블랜차드Ken Blanchard의 〈칭찬은 고래도 춤추게 한다〉는 칭찬이 가지는 긍정적인 효과를 범고래의 사례를 들어서 아주 재미있고 효과적으로 잘 설명해준다. 범고래를 춤추게 하는 것은 채찍질과 호통이 아니라, 잘할 때마다 주어지는 신선한 물고기, 즉 칭찬이라는 것이다. 이 책은 '칭찬'의 중요성에 대한 하나의 고전이 되었다.

하지만 아이들은 다른 사람들 앞에서 쇼를 해야 하는 돌고래가 아니다. 넓은 바다를 헤엄치며 자신의 삶을 스스로 살아가야 하는 존재이다. 청중의 박수소리와 조련사가 던져주는 달콤한 먹이를 얻기 위해 쇼처럼 살아야 하는 존재가 아니라, 캄캄하고 적막한, 때로는 천적이 노리는 위험한 대양 속을 힘차게 가로지르며 살아가야 하는 존재이다.

결국 칭찬(신선한 물고기)과 박수소리가 끊어지면 고래들은 움직이려 하지 않을 것이다. 저 망망한 대양을 향해 나아가지 않을 것이다. 마찬가지로 부모의 무분별하고도, 달콤한 칭찬에 길들여진 아이들이 맞이해야 하는 세상은 너무나도 가혹할 것이다.

부모는 끊임없이 칭찬했겠지만 세상은 끊임없이 우리 아이들을 거절할 것이기 때문이다. 부모가 남발했던 말랑말랑하고 뽀송뽀송했던 칭찬들과는 전혀 차원이 다른, 아무렇게나 내뱉어지는 평가와 비난이 아이들을 난도질할 것이다. 그 두 세상에서 내려지는 평가의 차이를 아이들은 어떻게 극복해야 하는가. 그때부터는 부모로부터 받아왔던 그 모든 칭찬들이 그대로 아이들에게 독이 되어버린다.

우리 부모세대는 칭찬보다는 호된 꾸지람과 회초리, 심지어는 욕을 들으면서 자랐다. 그래서 부모로부터 받는 트라우마나 상처가 심했고, 그런 부모들을 미워하면서 자랐을 수도 있다. 하지만 우리 내면에는, 완벽히 이해되지는 않지만, 무엇인지 모를 굳건한 심지가 박혀 있었다. 그래서 세상의 그 어떤 평가나 거절에도 굳건히 설 수 있었는지 모른다.

물론, 아이들에게 욕을 하고, 비난하라는 말은 절대 아니다. 칭찬은 여전히 중요하다. 그리고 그 칭찬의 긍정적인 효과까지 의심하는 것은 아니다. 다만, 적절해야 한다는 것이다. 동시에 아이들이 스스로를 아주 정확하게 돌아볼 수 있도록, 냉철한 피드백과 객관적인 평가, 건강한 조언이 함께 뒤따라야 할 것이다.

거실에서는 칭찬도 조심해야 한다.

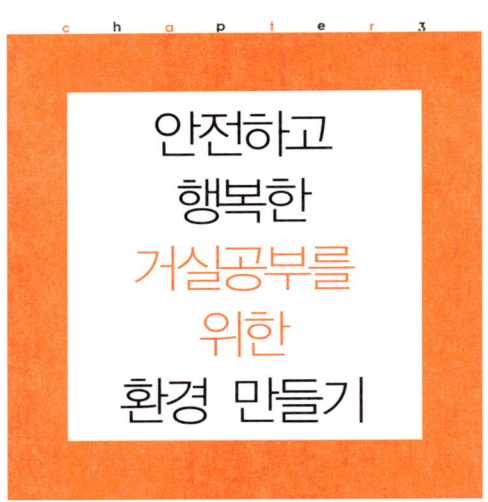

공부하는 공간이 꼭 거실일 필요는 없다. 아빠의 서재나, 별도의 독립적인 공간이어도 된다. 하지만 대부분의 경우는 거실을 도서관으로 꾸며야 할 것이다. 우리 집도 마찬가지다. 우리 내외가 자는 방, 아들이 자는 방, 딸이 자는 방을 빼면, 방 하나도 남지 않는 아주 평범한 한국의 서민층이다. 남아 있는 공간이라면 집에서 가장 넓은 거실 뿐이다. 그런데 따지고 보면 거실의 용도가 낭비적이다. 집에서 가장 넓지만 동시에, 효율성이 가장 떨어지는 공간이다. 기껏해야 가끔씩 놀러오는 손님이나 친구 대접하고, 소파에 쓰러져 TV나 보면서 시간을 죽이는 공간이라면 더욱 그럴 것이다.

전격 TV제거 작전!

효과적인 거실공부를 위해서는 일단 TV부터 없애는 것에서 시작해야 한다. 거실에 TV가 있으면 가족들의 활발한 의사소통이 힘들어지거나 거의 불가능해질 것이다. TV는 대화와 시선의 블랙홀과 같아서 TV가 켜져 있으면 가족의 눈과 귀가 온통 TV로 몰려든다. 아빠들은 집에 돌아오자마자 리모컨을 찾을 것이고, 엄마와 아이들은 TV채널 때문에 싸울 것이다. 그러기 싫어서 방방마다 TV를 놔두면 상황은 더욱 악화된다. 가족들은 완전히 단절되어 버릴 것이기 때문이다. 아이들은 만화나 예능 채널에, 엄마는 홈쇼핑이나 드라마 채널에, 아빠는 스포츠나 뉴스, 영화 채널에서 각기 따로 따로 헤매고 있을 것이 분명하다.

TV보는 것이 부모의 습관이나 낙이라면 바꾸어야 한다. 담배를 끊듯, 도박을 끊듯, TV도 끊어야 한다. TV는 흡연하는 아버지의 담배연기만큼이나 해롭다. 시간을 정해놓고 본다고 하지만 그것도 지켜지지 않을 가능성이 많다. 아예 없애 버리는 것이 제일 좋다.

물론 TV라는 기계 자체는 필요할 지도 모른다. 특히 요즘 나오는 스마트TV의 세련된 디자인과 가히 혁명적이라 할 만한, 여배우들의 '모공 포비아phobia'를 불러일으키는 화질은 지름신의 강림과 재림을 촉발시키기도 하니까 말이다. 그렇게 탐이 나신다면 구입하는 것까지는 말리지 않겠다. 다만 케이블만 연결하지 않으면 된다. 위성채널은 절대 금지다. 위성 채널을 다는 순간 드라마 다시 보기, 온갖 추잡한 영화, 수다스럽고 가볍기 그지없는, 간혹 진지함과 감동으로 포장된 예능프로그램들의 노예가 될 것이 분명하기 때문이다.

내가 어렸을 때, 우리 집 풍경이 그랬다. 나의 부모님은 TV를 무척 즐기신 편이어서 집안의 왕좌에는 항상 TV가 있었다. 그때는 TV시청이 문화 활동의 전부였을 때니 그것이 당연했다. 흑백에서 컬러로, 볼록 브라운관에서 평면으로, 아날로그에서 디지털로 발전하는 TV의 그 모든 영광의 시간들을 우리 가족은 함께 했다.

사실, 세 명의 남자(아버지와 두 아들)와, 한 명의 여자(어머니)로 이루어진 집안이 TV를 즐겨 본다는 것은 그 가정에 대화가 거의 없다는 의미다. 그러니 저녁시간에 가족들끼리 오순도순 대화를 나눈 적이 별로 없었던 것 같다. 저녁 시간은 TV와 함께 그렇게 지나가 버리는 것이 보통이었고, TV송신을 종료한다는 신호인 애국가와 함께 그날의 고단한 삶이 마무리 되었다. 저녁 시간에 TV시청 이외 다른 일을 한다는 것이 오히려 이상할 정도였다. 가끔 정전이나 TV고장으로 TV가 꺼져 있는 경우가 생기는데, 그 상황이 꽤 낯설었던 기억이 난다.

현재 우리 집은 평일이든 주말이든 TV를 거의 보지 않는다. 주말에는 TV 보는 것을 허용하였지만 주중에 TV를 켜지 않는 습관이 주말에도 이어지는지, 그 누구도 먼저 TV를 켜지 않는다.

나는 저녁 시간 동안 책을 읽고, 산책을 하고, 글을 쓰고, 공부를 하고, 아이의 숙제를 도와주고, 영화나 다큐멘터리를 본다. 아이들은 그림을 그리고, 만화를 그리고, 퍼즐을 맞추고, 숙제를 하고, 글을 쓰고, 책을 읽고, 창밖을 보고, 비를 본다. 우리의 삶에서 TV보기를 지운다면 꽤 괜찮은 하루를 살아갈 수 있을 것 같다. TV의 현란한 이미지 대신 삶의 여유로움이 햇빛 조각처럼 스며들 것이므로.

거실을 공부하고 싶은 공간으로 바꾸기

TV를 없앴다면 이제 거실을 아이들과 부모들이 함께 공부할 수 있는 최적의 공간으로 바꾸어야 할 차례이다.

거실을 바꿀 때 가장 큰 걸림돌이 부모가 거실을 어떻게 이해하고 받아들이는가 하는, '거실관(觀)'이다. 거실은 무조건 럭셔리, 코지cozy 해야 한다는, 아름답고 고풍스러운 소파와 엔틱풍의 거실장, 화려한 티테이블, 마니아 수준의 최고급 오디오 시스템 정도는 있어야 거실이지 그렇지 않으면 쪽방에 불과하다는 거실관을 갖고 있는 부모라면 이 거실공부 프로젝트는 사실상 불가능하다. 적어도, 부모가 학부모인 이상, 집이 기준치 이상으로 넓지 않는 이상, 어느 한 쪽의 희생은 어쩔 수 없다. 거실을 포기하든지 이 책을 덮든지.

...

이 책을 덮지 않았다면 진도를 계속 나가도록 하겠다. 큼직한 탁자를 하나 사자. 그 크기는 거실의 크기에 따라 유동적이지만 인터넷 서핑을 하다보면 아주 모던한 탁자가 눈에 들어올 것이다. 가로 세로 치수를 보고 주문만 하면 된다. 친절하게 배달까지 해 준다. 보통은 다리를 조립해야 하지만 그리 어렵지는 않을 것이다.

의자는 아이들의 바른 자세를 위해서 비용이 들더라도 괜찮은 걸로 구입하는 것이 좋다. 단, 안락의자 같이 생긴 것은 피하자. 아이들의 자세가 나빠질 가능성이 많다. 의자에 바퀴가 달려있지 않더라도 바르게 앉아서 공부할 수 있는 것이면 좋겠다.

문제는 책장이다. 아파트라면 책장을 놓아야 할 자리에 빌트인 거실장이 있을 것이다. 버려야 할지도 모른다. 나는 버렸다. 그 자리에 기성품 책장 두 개를 놓았다. 굳이 TV를 거실에 세팅하겠다면 책장과 같은 면에 설치할지, 반대편에 설치할지를 결정해야 한다. 보통 아파트의 경우에는 TV를 설치할 면(즉, 전기, 인터넷, TV케이블 아울렛이 모여 있는 벽면)이 정해져 있을 것이다. 그 쪽을 중심으로 TV를 설치하고 그 주위를 책장으로 짜 맞추어도 된다. 우리 집의 경우에는, 거실에는 TV를 아예 두지 않았다. 대신 두 책장 사이에 프로젝터를 설치하고 반대편 벽면을 완전히 비워서, 거기를 흰색 벽지로 도배를 했다. 이유는 그 벽이 영화 스크린으로 사용될 것이기 때문이다.(141페이지 그림 참조) 주말이면 프로젝터로 반대편에 있는 하얀색 벽에 영화를 비추어 보면서 치킨 먹는 것이 나와 우리 아이들의 낙이다.

거실에 탁자를 설치했고 책장을 들였으면 기본적인 거실의 구조가 완성되었을 것이다. 그 이외 구비해야 할 물품들을 하나씩 살펴보도록 하자.

오디오 시스템이 필요한 이유

거실에는 TV보다 오히려 질 좋은 오디오가 더 필요하다. 요즘 나오는 웬만한 오디오 시스템은 가격대비 음질이나 품질이 상당히 뛰어나다. 신(神)의 음질을 따지시는 까칠하신 오디오 마니아가 아니라면.

거실에 오디오 시스템이 필요한 이유는 무엇보다 라디오 때문이다. 우리나라에서 아이들을 키울 때 필요한 대표적인 라디오 채널 두 가지가 있는데, 하나는 'EBS'이고, 다른 하나는 'KBS클래식FM'이다. 이 두 채널을 적절히 활용하면 지적인 부분과 감성적인 부분을 동시에 채울 수 있다. 특히 KBS클래식FM에서는 하루 종일 훌륭한 음악이 나온다. 클래식 채널이라고 온통 고전음악만 나오는 것은 아니다. 가끔씩 우리나라 전통음악 뿐만 아니라 제3세계 음악, 재즈, 샹송, 파두fado(포르투갈의 전통음악)까지 나와서 음악의 스펙트럼을 넓힐 수 있다. 조용히 틀어놓고 있으면 거실의 분위기가 참 좋아진다.

EBS라디오는 지적으로 대단히 실용적인 채널이다. 이 채널의 가장 좋은 점은 아침 시간에 영어 관련 프로그램만 줄기차게 나온다는 것이다. 그러니 기상용으로 그만이다. 우리 집에서는 보통 6시에 기상을 하는데 제일 먼저 일어나는 사람이 라디오를 켠다. 바로 기상방송이 된다. 방송에서는 한국인인지, 외국인인지 모를 진행자들이 계속 자기들끼리 영어로, 가끔씩은 한국어로 떠들고 논다. 그 분위기에 익숙해지는 것이 중요하다. 세수 하면서, 책가방 정리하면서, 아침 먹으면서 계속 듣게 된다. 이 영어방송 듣기는 학교로 향하는 차 안에서도 계속 이어진다. 즉, 6시에 기상해서 8시 20분 학교에 도착할 때까지, 매일 2시간 가량 영어에 노출되는 효과가 있게 된다. 그 효과는 눈에 보이지는 않지만 차곡차곡 쌓여갈 것이다.
오디오시스템을 구입할 때는 USB포트가 있는지 반드시 확인하자. 그 이유는 뒤에서 설명하겠다.

프로젝터가 있으면 금상첨화

아이들과 거실에서 노는 방법 중, 가장 쉽고 재미있는 것이 거실 한쪽 벽면을 스크린 삼은 영화보기이다. 그러기 위해서는 일단 프로젝터가 필요하다. 시중에는 다양한 모델과 가격의 프로젝터가 있다. 프로젝터의 가격을 결정짓는 것은 바로 '안시ANSI'이다. 안시란 쉽게 말해 프로젝터가 쏘는 영상의 밝기를 말한다. 이 안시가 높을수록 영상이 밝다. 이것은 대낮에도 영화를 볼 수 있느냐 없느냐를 결정짓는다. '안시'가 낮은 경우에는 거실을 깜깜하게 해야 영화를 선명하게 볼 수 있다. 보통, 1,000안시 정도가 그렇다. 2,000안시는 조명이 어느 정도 밝아도 되고, 3,000안시 급은 낮에도 무리 없이 볼 수 있을 정도의 밝기이다. 물론 안시가 높을수록 비싸다.

나는 〈EPSON〉사에서 나오는 프로젝터, DVD플레이어, 스피커 일체형을 사용하고 있다. 안시가 좀 낮기는 하지만(1,200안시 정도 된다.) 가격이 저렴하고 일체형으로 되어 있어서 설치가 간편할 뿐만 아니라(전원코드만 꽂으면 된다!) 조작하기도 쉽다. 보통, 영화 마니아들이 거실을 홈시어터로 꾸미는데 드는 비용과 노력의 10분의 1 정도면 충분하다. 프로젝터가 필요한 이유가 양질의 화질과 음향을 따지는 영화감상에 있는 것이 아니라 아이들과의 시간 보내기에 있으니 상관없다.

프로젝터가 필요한 이유가 하나 더 있다. 요즘 학교에서는 프레젠테이션으로 수행평가를 하는 경우가 종종 있다. 파워포인트나 프레지prezi, 키노트Keynote를 활용하여 발표하는 연습을 집에서도 할 수 있으니 딱 좋다.

양날의 칼, 컴퓨터와 인터넷

이제 컴퓨터를 설치해야 한다. 컴퓨터 이야기가 나와서 말이지만, 컴퓨터에 꼭 따라붙는 문제가 컴퓨터 게임이다. 아이들이 컴퓨터 게임을 너무 많이 한다는 것은 늘 있어왔던 문제이고, 컴퓨터 게임시간을 관리하더라도 얼마나, 어떻게 해야 하는지도 고민거리일 것이다.
일단, 우리 집에서는 아이가 초등학생이었을 때는 완전 금지로 설정했다가, 중학생인 요즘에는 토요일에만 허용하는 쪽으로 선회하였다. 집에서의 컴퓨터 게임이 완전히 금지당한 아이는 주로 PC방을 간다는 사실이 임상적으로 증명되었기 때문이다. 그럴거면 차라리 집에서 하게 하는 것이 낫겠다는 판단에서 일정 부분 타협을 한 것이다. 물론 컴퓨터 게임을 아예 하지 않는 것이 제일 바람직하다는 생각에는 아직도 변함이 없다.

컴퓨터는 기본적으로 한 대 정도만 있으면 되지만, 아이들이 많고(2명 이상), 부모도 컴퓨터를 사용해야 하는 경우라면 두 대 정도는 있어줘야 한다. 요즘은 데스크톱desk top보다는 일체형 컴퓨터를 권장한다. 데스크톱을 설치하면 탁자 위·아래가 각종 선으로 너무 어지러워지기 때문이다. 물론 가격은 데스크톱보다 비싸긴 하다.
그리고 아이들 방에 컴퓨터를 놔두는 것은 절대 안 된다. 아이들 방안에 들어가 있는 컴퓨터는 지옥으로 떨어지는 구멍과 같다.(그 이유는 컴퓨터를 처음 가지게 된 우리 남자 어른들이 너무나 잘 알 것이다!) 이 부분에 대해서는 절대 아이들과 타협해선 안 된다. 컴퓨터가 있을 공간은 '절대적으로' 거실이다. 모니터의 방향도 다른 곳에서 바로 보이도록 고정되어 있어야 한다. 그 누구도 은폐(隱蔽)된 상태에서 컴퓨터를 사용하게 해서는 안 된다.

새로운 복병, 스마트폰

사실 TV나 컴퓨터보다 더 큰 문제는 스마트폰이다. 스마트폰을 가지고 있는 아이들의 포즈는 집에서나 차안에서나 야외에서나 동일하다. 스마트폰과 아이들의 귀가 이어폰 줄로 연결되어 있고, 아이들의 눈은 스마트폰에 고정되어 있으며, 두개의 엄지손가락이 빠르게 움직인다. 스마트폰에 연결되어 있는 아이들은 장소가 그리 큰 문제가 되지 않는다. 장소와 시간을 초월하여 어떠한 극락의 상태에 있는 것 같다.

다만, 스마트폰의 에너지가 바닥나거나, 와이파이가 되지 않는 환경에서는 극도의 불안함을 느낀다. 충전기를 연결할 수 있는 콘센트outlet와 인터넷에 무료로 뛰어들 수 있는 와이파이Wi-Fi 존을 좀비처럼 필사적으로 찾아 헤매다가 에너지가 바닥나고, 와이파이가 끊어지면, 결국 시체가 되어버린다. 이러한 상태에서 아이들이 내뱉는 단어는 동일하다.

'심심하다, 재미없다, 짜증난다…'

확장성과 공간적응력에 있어서 스마트폰은 TV나 컴퓨터와는 비교가 되지 않는다. 에너지가 남아있고, 와이파이가 되는 곳이라면 그 어느 곳에서도 게임을 할 수고 있고, 영화를 볼 수 있고, 유투브youtube를 검색할 수 있고, 각종 SNS로 수다를 떨 수 있다. 이 말은 즉, 어떠한 제한도 없이 온갖 더럽고 추잡한 인터넷 세계에서 살 수 있다는 의미이다. 그런 점에서 스마트폰은 TV나 PC보다 월등히 위험하고 유해하다.

사실, 어른들조차도 스마트폰을 제어하기가 쉽지 않다. 스마트폰 게임이나 유투브youtube, SNS에 중독되어 한시도 스마트폰을 놓지 못하는 어른들을 자주 본다. 어른도 이런 지경인데 아이들에게 스마트폰을 건네주면서 지혜롭게 잘 사용하라고 하는 것은, 기름을 불에 뿌리면서 불이 꺼지기를 바라는 것과 같다. 그러므로 아이들에게는 스마트폰을 아예 사주지 않는 것이 가장 현명한 방법이다.

• **스마트폰 관리 방법**

1. 스마트폰을 사 주지 않는다.(가장 좋은 방법)
2. 스마트폰이 아닌 그냥 휴대폰을 사 준다.(휴대폰이 꼭 필요하다면)
3. 스마트폰을 사주더라도 인터넷을 사용하지 못하도록 제한한다.
4. 아이들의 스마트폰에 부모의 스마트폰으로 관리할 수 있는 앱을 설치한다.
5. 아이들의 스마트폰을 공용으로 사용하도록 한다.
6. 스마트폰의 충전 거치대는 모두 거실에 둔다.

화이트보드, 생각보다 요긴해요

탁자만큼 필요한 것이 화이트보드다. 화이트보드는 아이들을 가르칠 때도 필요하지만 아이들이 소위 '선생님 놀이'를 할 때 특히 유용하다. 선생님 놀이는 지식을 자기의 것으로 만드는 방법 중에서 가장 효과적이며 동시에 발표력과 적극성도 키울 수 있다.

수학문제를 풀 때도 유용하다. 아이에게 설명할 때나, 혹은 아이가 자신이 푼 것을 설명할 때, 화이트보드를 사용하면 재미있기도 하고, 연습장에 푸는 것보다 집중이 더 잘 된다.

화이트보드 대신 칠판을 설치해도 상관은 없지만 분필가루 때문에 좋지 않다. 크기도 문제가 될 것이다. 너무 작은 것을 사면 효용성이 떨어지고 너무 큰 것을 사면 거실이 복잡해진다. 거실의 크기에 따라서 적당한 것을 구입하도록 하자. 화이트보드 중에도 자석을 붙일 수 있는 것과 없는 것이 있으므로 활용도에 따라서 확인하도록 하자.

한쪽 벽면 일부를 컬러유리(불투명 유리)로 시공하는 것도 좋은 방법이다. 시공비는 업체마다 다를 수 있으므로 유리시공업자와 상의해야 할 것이다. 혹은 베란다 창문에 불투명 시트지를 발라서 활용해도 된다. 비용이 너무 높지 않아야 하고 공간을 너무 많이 차지하지 않아야 하는 것이 핵심이다.

기타

그 외에 필요한 물품들을 살펴보자.

- **스탠드 조명**

보통 거실 천장에 달려 있는 조명은 공부하기에 좀 약한 편이다. 그래서 별도의 스탠드 조명이 필요한데, 돈을 좀 들이더라도 아이들의 시력에 좋은 것을 사도록 하자. 디자인도 중요하다. 거실의 분위기나 인테리어에 어울리는 것을 사라.(동네 독서실에서나 쓸 것 같은 스탠드는 사양한다.) 그래야 거실에서 공부하고 싶어질 것이다.

- **널찍한 문구 정리함**

필기구나 풀, 자, 포스트잇, 스카치테이프 같은 것들을 한꺼번에 정리할 수 있는 다용도 정리함이 필요하다. 거실 탁자 위에 널려있는 여러 가지 잡스러운 물품들을 쓸어 담을 수 있어야 한다.

- **파일박스, 폴더, 바인더 등**

매일 바로 꺼내야 하는 중요한 노트나, 파일, 공부 자료를 정리할 수 있는 파일박스도 준비해 두자. 또한, 낱장으로 제공되는 아이들의 공부 자료나 출력물을 체계적으로 정리할 수 있는 폴더나 바인더 등도 많이 필요하다.

각종 콘텐츠의 구축

하드웨어가 완비 되었으면, 하드웨어를 채울 콘텐츠를 구축한다. 집안 여기저기에 흩어져있는 책이나 자료를 모으고 분류해서 거실 도서관을 양질의 콘텐츠로 채워 보자. 비싼 거실장이나, 화분, 도자기 같은 것으로 거실을 채우는 것보다 이십만 배는 가치 있을 것이다.

책

거실도서관에 구비해야 할 장서들이 필요하다. 우선은 지금까지 아이들이 읽고 좋아했던 책으로 정리하자. 그리고 앞으로 필요한 책들도 조금씩 구입하면 된다. 이때 베스트셀러나 흥미 위주의 책으로만 채우지 말고, 학년 승급에 맞게 반드시 읽어야 책을 조사해서 채워나가도록 해야 한다.(도서 목록은 인터넷을 검색하면 바로 알 수 있으므로 여기서는 생략한다.)

물론 모든 책을 새 책으로 구입할 필요는 없다. 온·오프라인 중고서점을 활용하면 반도 안 되는 가격으로 좋은 책들을 얼마든지 구매할 수 있으므로 적극 활용해 보자.

책을 수납할 때에도 마구잡이로 꽂아두는 것이 아니라, 내용에 따라 분류하여 정리하도록 해야 한다. 그 분류는 아이들에게 맡겨 두는 것도 좋은 방법이다.

DVD타이틀

요즘은 영화를 영화관에서 보지 않으면 거의 다운 받아서 보거나, 케이블 채널의 VOD 서비스로 볼 것이다. 하지만 나는 가급적이면 정식 DVD타이틀을 구입하는 편이다. 몇 가지 이유가 있다. 우선, 영화의 가치 때문에 그렇다. 영화 파일만을 소유하고 있거나 VOD로는 아무리 좋은 영화라도 그 가치를 느끼기가 힘들다. 좋은 영화는 영화 자체로도 소중하지만, 영화를 상징하는 전반적인 이미지도 중요하기 때문이다.

DVD타이틀을 소유하고 있으면, 그 영화가 가지고 있는 고유한 디자인이나 색상, 영화사의 로고, 제작연월일, 주인공과 조연들의 사진을 볼 수 있어서 좋다. 우리 아이는 DVD타이틀에 적혀 있는 영화사에 관심이 많다. 워너브라더스Warner Brothers, 드림웍스DreamWorks, 디즈니Diseny, 20세기폭스20century Fox, 마블스Marvels, 픽사Pixar, 일본의 지브리Ghibli 등의 고유한 로고와 색상, 제작한 영화, 그 영화들이 가지는 독특한 분위기 등도 대화의 주제가 된다.

두 번째 이유는 자막 때문이다. 정식 타이틀은 자막 설정을 자유롭게 할 수 있고, 비교적 번역 상태가 양호하다. 영어자막이나 무자막으로 볼 수도 있어서 리스닝 공부할 때 효과적이다.

아이들은 자유롭게 DVD를 골라서 영화를 볼 수 있다.(물론 숙제나 맡은 일은 다 끝마쳐야 한다는 조건이다.) DVD보기는 TV시청과는 다르게 중독성이 없다. 주도적으로 골랐으므로 중간에 중지하기도 쉽기 때문이다.

다만 아이들의 나이에 맞는 양질의 DVD로만 모아두어야 한다. 19세 딱지가 붙어는 있는 타이틀은 집에 두지 않는 것이 좋겠다. '15세 관람가'는 말할 것도 없고 '전체 관람가'나 '12세 관람가'라도 내용에 문제가 있을 수 있으므로 아이들과 함께 보기 전에 반드시 사전 검열을 해야 한다. 어떤 영화는 19세에 버금가는 폭력성과 선정성을 보여주는 경우도 있기 때문이다. 예를 들어 〈해리포터Harry Potter〉시리즈는 뒤편으로 갈수록 폭력적이고 선정적이라 아이들과 함께 보기가 상당히 거북하다. 소년 발레리노를 다룬 영화 〈빌리 엘리어트Billy Ellliot, 2000〉도 사전 검열 없이 보다가 동성애에 대한 내용이 나와 당혹스럽게 설명을 해 주어야 하는 경우도 있었다. 〈반지의 제왕The Lord of The Ring〉, 〈스타워즈StarWars〉, 〈트와일라이트Twilight〉시리즈도 마찬가지다. 이런 종류의 영화들은 중학생 이상이어야 무리 없이 볼 수 있다.

초등학생 때까지 안전한 것은 디즈니나 드림웍스, 픽사, 지브리 스튜디오의 애니메이션들이다. 애니메이션은 거의 대부분 구입하는 편인데, 거기에 나오는 각종 캐릭터, 색감, 건물이나 풍경의 회화, 스토리 등이 상당히 매력적이기 때문이다.

DVD타이틀을 일반 책장에 수납해도 되지만 별도의 DVD수납장을 권한다. 가로 60cm, 세로 120cm 짜리 하나를 사면 약 150개~170개 정도의 타이틀을 정리할 수 있다. 가지런히 정리되어 있는 DVD타이틀을 보고 있으면 왠지 흐뭇해진다.

다큐멘터리의 활용

영화뿐만 아니라 다큐멘터리도 훌륭한 거실 콘텐츠이다. 국내외 양질의 다큐멘터리를 DVD타이틀로 구입하거나 합법적 다운로드 사이트를 통해 구매하도록 하자.(이런 것들은 파일명에 '제휴'라는 말이 붙어 있다.) 혹은 유명 포털사이트나 유투브에서 무료로 볼 수 있는 경우도 있다. 다큐멘터리는 타이틀 구매 보다는 목록으로 갖고 있으면서 아이들의 학년에 따라 하나씩 하나씩 보게 하도록 한다.

양질의 다큐멘터리는 아이들에게 동기 부여를 하고, 창의력을 높이며, 폭넓은 상식과 함께 특정 분야에 대한 전문적 지식까지 소유할 수 있도록 한다. 특히 과학이나 역사관련 소재의 다큐멘터리에는 시각적 콘텐츠가 풍부히 활용되기 때문에 책으로 충족되지 못한 직접적인 체험을 가능하게 한다.

다만, 너무 정치적으로 편향되어 있지는 않은지, 지나치게 선정적이거나 폭력적이고 충격적인 장면은 없는지를 아이들에게 보여주기 전에 미리 확인해야 한다.

또한, 본 것으로만 끝내지 말고 보고 난 후의 감상을 적게 하거나 간단한 테스트를 할 수도 있을 것이다. 혹은 보기 전에, 토론할 주제를 미리 알려 주거나, 단답형이나 서술형 문항이 있는 테스트 지를 미리 나누어 주는 것도 좋다. 이는 다큐멘터리를 건성으로 보지 않도록 하기 위한 방법이다. 아이들에게 너무 많은 부담을 주어서는 안 되겠지만 볼 때는 집중하며 볼 수 있도록 지도해야 한다.

• 다큐멘터리 목록 폴더 관리 예시

부모 공부	〈EBS아이의 사생활〉 〈EBS마더쇼크〉 〈EBS학교〉시리즈 〈EBS엄마가 달라졌어요〉 〈EBS10대 성장보고서〉 〈EBS학교의 기적〉 〈EBS교육대동여지도〉 〈EBS가족쇼크〉 〈EBS아버지의 성〉
동기부여·학습법	〈EBS공부의 왕도〉 〈SBS세계의 명문대학〉시리즈 〈EBS왜 우리는 대학에 가는가〉 〈EBS시험〉 〈EBS슬로리딩, 생각을 키우는 힘〉 명문 고등학교 관련 다큐 각 분야 유명인사의 성공스토리
수학·과학	〈BBC뇌 이야기〉 〈BBC새의 일생〉 〈BBC지구 역동의 행성〉 〈BBC포유류의 일생〉 〈BBC아름다운 바다〉 〈BBC수학 이야기〉 〈BBC인체는 전쟁 중〉 〈NGC어메이징! 몸속 대탐험〉 〈NGC우주의 미스터리〉 〈NGC코스모스2014〉 〈NHK우주 대기행〉 〈NHK인간 게놈〉 〈DC우주는 어떻게 이루어지는가〉 〈EBS문명과 수학〉 〈EBS생명 40억년의 비밀〉 〈EBS사냥의 기술〉 〈EBS녹색 동물〉 〈EBS생존〉 〈EBS넘버스〉 〈EBS진화의 신비〉 〈EBS수학 대기획〉
역사·문화	〈KBS도자기〉 〈MBC황하〉 〈MBC페이퍼 로드〉 〈MBC눈물〉시리즈 〈KBS역사 스페셜〉시리즈 〈KBS슈퍼 피쉬〉 〈HC프랑스 대혁명〉 〈HC한니발〉 〈BBC생명의 강, 갠지스〉 〈EBS불멸의 마야〉 〈EBS안데스〉 〈EBS화산〉 〈EBS위대한 바빌론〉 〈EBS또 하나의 독립운동〉
인문고전·기타	〈KBS스페셜 유교 2500년의 여행〉 〈EBS법과 정의〉 〈마이클 샌델의 정의란 무엇인가〉강의 시리즈 〈CBS세상을 바꾸는 시간〉강연 시리즈 〈EBS지식 채널〉시리즈 〈TED〉강연 시리즈 도올김용옥교수 철학 강의 시리즈

EBS제작 다큐멘터리는 네이버에서, 〈CBS세상을 바꾸는 시간〉강연 시리즈는 유튜브 등에서 무료로 볼 수 있다.

다큐멘터리 시청보고서

제목 _____ 시청일자 _____

1. 시청한 다큐멘터리의 내용을 요약 정리합시다.

2. 꼭 기억하고 싶은 내용이 있다면 적어봅시다.

3. 시청후 자신의 느낀 점을 적어봅시다.

4. 기타 생각나는 것들을 적어봅시다.

영어리스닝을 위한 오디오 파일 DIY

아이들이 영어에 계속 노출이 되도록 하는 가장 비싼 방법은 이민을 가거나 유학을 보내는 것이다. 그것보다 덜 비싼 방법은 영어캠프를 보내거나 영어몰입교육을 하는 학원에 보내는 것이고, 가장 싼 방법은 주위의 청각적 환경을 영어로 도배하여 아이들의 귀를 지속적으로 자극하는 것이다.

'청각적인 영어환경'을 만들기 위해서는, 영어 방송 라디오 채널을 사용할 수도 있지만, 그런 방송을 하는 채널이 잘 없고, 있어도 아이들 수준에 맞지 않을 수 있다. EBS는 주로 아침에만 방송을 하고, 주한미군을 위한 방송인 AFN에서는 주로 음악이 나오기 때문에 적절하지 않다. 그렇다고 CNN이나 아리랑TV를 켜둘 수는 없다.

이때 필요한 것이 오디오시스템과 오디오콘텐츠들이다. 요즘 나오는 영어 이야기책에는 거의 다 오디오 CD가 부록으로 들어 있으므로 이런 것들을 모아서 틀어주면 된다. 그런데 이것만으로는 성에 차지는 않을 것이다. 오디오 CD의 러닝 타임이 30분 정도일 테니, 끝날 때마다 CD를 계속 바꾸어야 하는 수고로움이 발생한다. 그리고 영화의 사운드(대사)만을 분리해서 오디오파일로 만들고 싶을 때도 있을 것이다.

이 때 요긴하게 사용되는 것이 바로 디지털 녹음기이다. 디지털 녹음기라고해서 거창하게 들리지만 프리웨어인 '곰녹음기'를 다운 받아서 녹음하면 된다. '곰녹음기'는 컴퓨터에서 나오는 모든 소리를 그대로 디지털 파일로 녹음하는 아주 유용한 '공짜' 소프트웨어다.

곰녹음기 초기화면

녹음된 소리는 자동으로 mp3파일로 저장된다. 그 파일목록은 괜찮은 영어 리스닝 교재가 된다. 거실에 있는 컴퓨터에 항목별로 정리해두고 필요할 때 사용하면 된다. PC에서 바로 플레이해도 되지만, USB저장기기에 옮겨 저장하면 USB포트가 있는 오디오기기를 통해 들을 수 있고, 차에서도 들을 수 있어서 편리하다.

단, 인터넷상에 유포하거나 상업적으로 사용하면 저작권에 저촉이 될 수 있으므로 개인적으로만 사용해야 한다.

기타

- **보드게임**

거실에서 공부만 하라는 법은 없다. 시중에 판매되는 인기 있는 보드게임은 기본적으로 구비해 두고, 가끔 즐기자. 머리 식히기에 그만이지만 가끔 머리가 더 뜨거워질 수도 있음에 유의해야 한다. 가장 기본적인 보드게임으로 장기나 체스가 있으며, 모노폴리Monopoly계열의 보드게임도 기본이다.(이 게임을 카피한 우리나라의 부루마블Blue marble도 아주 유명하다.) 루미큐브는 수학적 직관력을 기르는 데 훌륭하다. 그 밖에 유명한 젠가나 할리갈리, 인생게임, 클루 등이 있다.

또한 학습적인 의미가 강한 '소마큐브'나 '하노이탑'도 좋은 퍼즐 겸 학습도구이다. 소마큐브는 수학적 공간추론능력을 기를 수 있고, 하노이탑은 전략적인 집행능력을 기를 수 있어서 학업 능력 신장에도 도움이 된다.

• **잡지**

그밖에 거실에 구비할 콘텐츠로는 과학 관련, 수학 관련 잡지가 있겠다. 이러한 잡지는 시간이 지나도 가치가 있으므로 잘 모아두고 수시로 꺼내볼 수 있도록 하자. 특히 아이가 이과계열로 재능을 보이면 이런 종류의 잡지구독은 필수다.

아이들 방과 거실의 정체성

거실에 '거실공부'를 위한 하드웨어와 콘텐츠들이 구축되었다면, 아이들을 불러 놓고 교육해야 할 것이 하나 있다. 바로 정리 정돈 하는 습관이다.

아이들 방에도 책장과 책이 있을 것이고 거실에도 책장과 책이 있다. 여기서 문제가 발생한다. 아이들에게는 이 구분을 잘하도록 교육해야 한다. 그렇지 않으면 아이들의 정리 정돈하는 습관이 약해질 수 있다. 책과 노트를 찾기 위해 자신의 방과 거실을 다 뒤져야 하고, 엄마는 정리되지 않는 거실 때문에 또 다른 스트레스를 받게 될 것이다.

일단 이렇게 정하자. 아이들 방은 아이들 방이다. 무엇보다도 아이들 방에 대한 정체성을 아주 확실하게 확립해야 한다. 아이들 방에 있는 책장에는 학교 교과서, 자습서, 학교에서 사용되는 노트일체, 상장모음, 작품집, 스케치북, 각종 학용품, 악기, 소모품 등을 스스로 정리하도록 해야 한다. 아이들의 사진이나, 장난감, 책가방, 인형 같은 것들도 아이들 방안에 정리되어야 한다. 절대 거실 여기저기에 그런 것들이 널려 있으면 안 된다. 아이들 방은 아이들 스스로 정리할 수 있도록 철저히 교육해야 한다.

아이들 방에 둘 책상을 구입할 때도, 복잡한 구조의 책상이나, 책상 책장 일체형은 별로 좋지 않다. 책상과 책장의 구조가 복잡하면 복잡할수록 정리가 안 될 가능성이 높고, 처박히고 분실될 물건들이 많을 것이기 때문이다. 최대한 단순하고 심플한 구조가 좋다. 책상 하나, 서랍장 하나, 책장 하나면 족하다.(속설에는 책상이 크고 화려할수록 아이가 공부를 못할 가능성이 크다고 한다.)

그러면, 거실에 있는 책장에는 어떠한 것들이 있어야 할까. 일단, DVD 타이틀, 음반들을 정리한다. 그리고 가족들이 같이 보는 책들을 중심으로 정리하도록 하자. 두고두고 읽을 인문고전도서, 전집류, 사전, 잡지 등이다.

아이들에게는 거실에 들고 나왔던 자신의 책과 문구품은 반드시 자신의 방에 정리하도록 교육해야 한다. 그것이 훈련 되어 있지 않으면 거실 탁자 위에 책이며, 문구품이 수북이 쌓여있게 될 것이다. 그와 동시에 엄마의 잔소리가 폭풍처럼 작렬할 것이 분명하다.

하지만 아무리 교육을 하더라도, 엄마가 원하는 아주 깔끔하고 깨끗한 거실은 되지 않을 것이다. 책과 교재, 문구품, 연필깎이, 스태플러, 스탠드, 화이트보드마커와 지우개, 바인더, 파일 같은 것으로 어지러울 것이다. 어쩔 수 없다. 무던해져야 한다. 너무 깔끔 떨면 서로가 피곤해질 뿐이다.

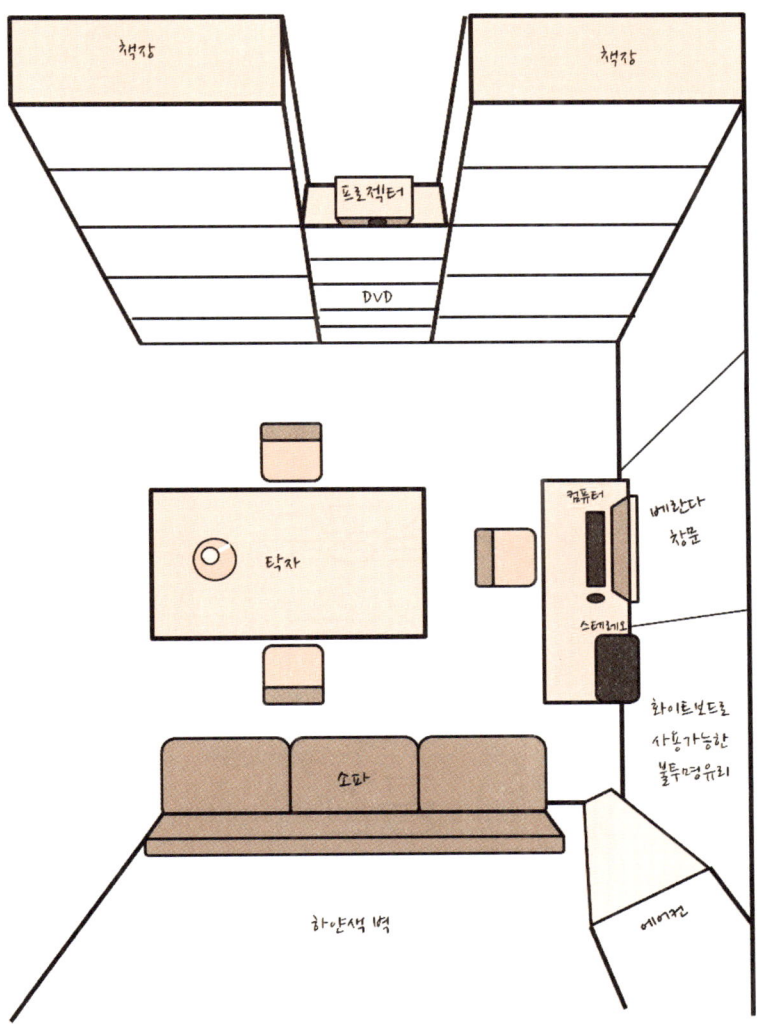

우리집 거실의 구조

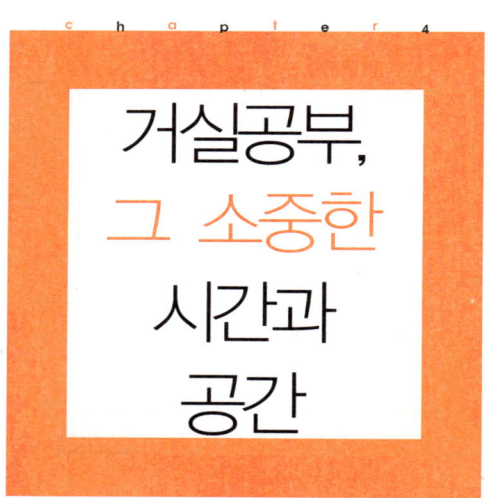

하루 종일 TV가 켜져 있고, 저마다 스마트폰 게임이나 컴퓨터 게임에 열중하고, 비난과 잔소리가 오가는 거실인가. 아니면 책을 읽고, 토론을 하고, 좋은 영화를 보고, 건전한 놀이 문화가 정착되어 있는 거실인가. 다행스러운 것은 부모가 그 거실을 선택할 수 있고 결정할 수 있다는 사실이다.

거실공부를 위한 열정, 그리고 기준

공간과 필요한 시설, 도구들이 준비되었고 기본적인 콘텐츠가 구축되었다면 이제 그것들을 사용해서 '안전하고 행복한 거실공부'를 진행하도록 하자. 이 부분이 이 책에서 가장 핵심적인 내용이다. 부모들의 창의성과 융통성, 인내심, 아이들과의 원활한 의사소통 능력이 절대적으로 필요할 것이다. 그만큼 치열할 것이고, 때로는 불안할 것이며 동시에 뿌듯할 것이다.

이때는 부모가 아니라 엄한 교육자의 입장에 있어야 한다. 아이들을 자녀라고 생각하지 말고 학생 또는 제자라고 생각하는 편이 좋다. 이 아이들이 당신이 교장으로 있는 '거실학교'의 유일한 학생들이다. 그만큼 절실하게 접근해야 한다는 의미다.

우리 아이들이 아니라고 생각해야 하는 더 중요한 이유는, 우리 아이들이라서 가지게 되는 감정적 동요를 조금이나마 덜 수 있을 것이기 때문이다. 아이가 이해력이 좀 떨어지더라도, 제대로 따라오지 못하더라도, 기대만큼 성적이 오르지 않더라도 인내심을 갖고 대할 수 있다. 감정적인 동요가 일어날 때면 스스로를 이렇게 세뇌시키자.

'얘들은 우리 아이가 아니야.'

거실을 아이들과 함께 하고자 하는 열정으로 채우자. 그러면 어느 순간부터는 아이들이 이해되고, 아이들과 눈높이가 같아지며, 아이들과 같은 생각을 공유하게 될 것이다. 그것은 인생에서 한 번 밖에 오지 않는 유일한 기회이다. 절대 놓쳐서는 안 된다.

아이들이 부모, 특히 아빠들과 생각을 공유할 수 있고, 같은 공간에서 지적 향유를 누리는 것은 쉽지 않은 일이다. 영원하지도 않고 영원해서도 안 되는, 너무 너무 소중한 기간이다. 그 함께했던 시간을 통해 아이들의 성적이 오르고 좋은 학교에 합격하면 좋겠지만, 혹시 그러한 해피엔딩이 되지 못한다 할지라도, 그렇게 함께 보냈던 시간은 그 자체로 소중하다.

수학문제를 아이들과 함께 끙끙대면서 풀어보고, 지도를 샅샅이 훑어보고, 읽은 책에 대해 토론하고, 함께 그림을 그리는 그 시간은 마치 빛바랜 사진처럼, 부모들에게도 아이들에게도 다시 못 올 아름다운 시간으로 남을 것이다.

원칙을 세우자

거실공부를 진행할 때에는 반드시 '원칙'이 있어야 한다. 이랬다저랬다 해서는 안 된다. 한 번 안 된다고 한 것은 타당한 이유가 있기 전에는 죽어도 안 돼야 한다. 그러기 위해서는 그 '안 되는 것'의 선정에 있어서 세심한 주의와 면밀한 검토가 필요하다.

그런데 문제는, '되는 것'과 '안 되는 것'의 기준이 부모의 기분에 의하는 경우가 많다는 것이다. 부모의 기분이 좋을 때는 TV보기나 컴퓨터

게임이 무한히 허용되다가도, 부부싸움이 있었거나, 아이의 형편없는 성적표가 노출 되었거나, 이웃집 아이가 '올백(전 과목 만점)'을 받았다는 사실이 알려진 날에는 완전히 금지된다. 그러나 아이들은 혼란스럽다. 옳고 그름의 판단 기준이, 원칙이나 규례, 관습, 도덕에 있지 않고 부모의 감정 상태에 있기 때문이다. 그러니 부모의 눈치를 보게 된다. 그것은 곧 아이들의 자존감 형성에 부정적으로 작용하게 된다.

따라서 아이가 지켜야 할 최소한의 규칙을 정해야 한다면, 그 규칙은 하늘이 두 쪽 나도 지켜져야 할 것들이어야 한다. 그러므로 그 규칙의 선정에 있어서는 신중해야 한다. 규칙의 결정 과정에 아이들을 참여시키고, 그들의 의견을 충분히 들어야 한다. 부모가 일방적으로 정한 규칙은 아이들의 반발을 사게 될 것이기 때문이다.

그 원칙이 잔소리의 형태로 전달되지 않도록 주의하자. 공고문으로 만들어서 집안 곳곳에 붙여두는 것이 좋겠다. 가장 중요한 것은 그 원칙에 부모가 열외 되어서는 안 된다는 점이다. 모든 원칙은 부모가 동참해야 효력이 강해지기 때문이다. '평일 TV시청 금지'라는 규칙을 세웠으면 부모도 TV를 봐서는 안 된다.

주중금지사항

1. 학습과 관련 없는 컴퓨터 사용
   : 네이버, 유투브, 웹툰, 음악녹음, 동영상 시청
2. 학습과 관련 없는 스마트폰 사용
   : 인터넷, 웹툰, 동영상 등
3. 허용되는 경우 : 인터넷 학습, 숙제를 위한 자료 조사, 기타 창작활동 → 부모의 동의를 얻을 것
4. TV 시청

감정은 허용하고 행동은 통제할 것

식당에서 뛰어다니는 아이들이 있어도 부모는 제재를 하지 않는다. 아이니까 그럴 수 있다고 생각한다. 엘리베이터에서 어른을 마주쳐도 아이는 인사하지 않는다. 아직 아이니까 철이 덜 들어서 그럴 수 있다고 생각한다. 친구의 물건을 빼앗거나 심한 장난을 쳐도 웃음으로 야단하는 시늉만 한다. 아이니까 그럴 수 있다고 생각한다. 전반적으로 아이의 기를 죽이기 싫고, 아이니까 그럴 수 있다고 너그럽게 생각하는 이유일 것이다.

하지만 아이가 짜증을 부리기 시작하면 부모는 바로 도끼눈을 뜨면서 아이들을 다그친다.

"왜 그래? 왜? 또 왜 짜증이야?"

아이가 울 때도 부모는 바로 화를 낸다.

"왜 울고 그래? 그게 울 일이야? 당장 그치지 못해?"

아이가 잔뜩 하기 싫은 표정을 하고 있어도 부모는 화를 낸다.

"표정이 왜 그래? 누가 죽었어? 표정 안 풀어?"

아이가 이상한 행동을 하거나, 어른 앞에서 버릇없이 굴거나, 공공장소에서 남에게 피해를 입히는 행동을 할 때에는 별 조치를 하지 않다가, 아이가 실망하거나, 짜증을 내거나, 시무룩해 하거나, 울거나, 화를 내면 부모는 바로 야단한다. 그렇게 하지 말라고 한다. 그런데 이게 좀 이상하다. 사실은 정확히 반대가 되어야 한다. 감정은 허용하고, 행동은 통제해야 한다.

감정이라는 것은 타인이 컨트롤 할 수 없고, 그럴 자격도 없다. 사람의 마음을 어떻게 평가하고, 통제하겠는가. 중요한 것은 그러한 감정의 상태를 정의 내려주고, 객관화시키고, 건강하게 대처하도록 가르치는 것이다.

다만 행동은 철저하게 훈육해야 한다. 감정과 달리 행동은 타인에게 직접적으로 영향을 끼치기 때문이다. 공공장소에서는 예의바르게 행동하도록, 어른을 보면 깍듯이 인사하도록, 식사 전·후에 감사의 인사를 하도록 아주 철저하게 교육해야 한다. 잘 지켜지지 않을 때에는 눈물이 쏙 빠지도록 훈육해야 한다.(잔소리나 화를 내는 것이 아니다.)

그런데 왜 한국의 부모들은 감정을 통제하려 하고 행동은 놔두는 것일까? 그 이유는 아주 단순하다. 감정을 허용하고 행동을 통제하기 위해서는 엄청난 에너지가 필요한데, 한국의 부모들은 너무 지쳐있기 때문이다.

아이들이 표시하는 감정에 감정적으로 대응하지 않고, 이성적으로 대처하고, 그 감정을 읽어주는 것은 정말 귀찮고 성가신 일이다. 대신, 아이들이 감정을 표현하지 못하도록 윽박지르고, 감정을 무시하는 것은 상대적으로 쉽다. 마찬가지로, 아이들이 공공장소에서 멋대로 행동하지 않도록 규율을 정하고 타이르고 가르치는 것은 힘든 일이다. 대신 그냥 내버려 두는 것은 쉬운 일이다.

거실공부를 시작하게 되면 아이들의 감정적 동요와 이상 행동을 아주 자주, 아주 가까이서 보게 될 것이다. 그럴수록 아이들의 감정을 너그러이 받아줄 수 있어야 하고, 동시에 올바른 행동규율을 끊임없이 가르쳐야 한다. 그러지 못하면 거실공부는 실패할 가능성이 크다.

다음은 아이의 감정을 받아주는 방법이다.

- **아이가 시무룩해 있을 때**

"표정이 왜 그러냐? 왜 그래 또?"(×)
"오늘따라 시무룩하구나. 뭔가 실망스러운 것이 있었니?"(○)

• **아이가 화 나 있을 때**

"네가 화낼 이유가 뭐가 있어? 그게 화 낼 일이냐?"(×)
"뭔가 마음에 안 드는 것이 있나보군. 화가 나 있어. 그게 뭔지 이야기 해 보렴."(○)

• **아이가 울고 있을 때**

"왜 울어? 안 그쳐?"(×)
"우리 아들이 많이 슬프구나. 조금 진정되거든 있다가 이야기 하자."(○)

이런 식으로 부모가 아이가 겪고 있을 감정 상태를 정의 내려주면 아이들은 자신의 심리상태를 객관화시킬 수 있다. 이것은 제 3자가 되어 자신의 감정을 바라보는 것과 같다. 심리 상태가 객관화되면 그 감정을 건강하게 이겨낼 가능성이 높아진다.

이때 그 감정과, 그 감정으로 유발된 잘못된 행동은 엄격히 구분해 주어야 한다. 즉, 화가 나 있는 감정 상태는 허용하되, 그것 때문에 욕을 하거나 물건을 집어 던지는 행위는 엄격하게 통제해야 한다.

"너 이게 마음에 안 드는 모양이구나. 나도 마음에 안 들어. 하지만 그렇다고 물건을 집어 던지는 것은 정말 나쁜 행동이다. 알겠니?"

즉, 아이들로 하여금 감정은 충분히 표현하도록 하되, 행동은 철저히 절제할 수 있도록 가르쳐야 한다.

꽃보다 시간 관리

'거실공부'에서 가장 중요한 것은 바로 시간 관리이다. 시간 관리에 실패하면 모든 것이 엉망이 될 것이다. 하는 것도 아니고 안하는 것도 아니게 된다. 그럴 바에야 깨끗이 학원 보내는 편이 낫다. 시간 관리가 거실공부의 처음이자 마지막이라고 할 수 있을 정도다.

적어도 아이들이 학생의 신분으로 있을 때는 모든 집안의 시스템과 생활 패턴을 아이들에게 맞추는 것이 좋다. 독서 분위기, 학습 모드, 토론 문화가 자연스럽게 집안 곳곳에 묻어나야 한다. 물론 강압적이나 억지로가 아니라 집안 전체의 좋은 습관으로 고착될 수 있어야 한다. 차근차근, 그러나 '집요하게' 추진하자.

'시간 관리' 훈련은 또 다른 점에서 상당히 중요한 의미를 가지고 있다. 앞으로 살아갈 삶의 방식이나 습관이 정해질 수 있기 때문이다. 그것은 그대로 집안의 전통, 분위기가 되고, 결국 아이들의 미래를 결정할 수 있다.

우리 아이들에게 진정으로 물려주어야 할 것은 재산이 아니라 '시간관리 능력'이다. 잘못된 재산은 아이들을 망치게 할 수 있지만, 시간관리

능력은 평생 아이들의 귀한 자산으로 남을 것이기 때문이다.

학교의 학사일정을 중심으로 시간관리 방식을 다음과 같이 분류해 보았다.

학기 중 시간 관리

아이들 시간 관리에 있어서 가장 핵심적이고도 중요한 기간이다. 이때에는 학교생활과 학원수업(수강하는 경우), 가정생활을 병행해야 하는 시기이므로, 시간 관리를 적절히, 효율적으로 해 주어야 한다. 아이들이 학교와 학원숙제에 소요되는 시간, 시험대비와 수행평가 일정과 준비기간, 학교와 학원, 집을 오고 가는데 소요되는 이동시간에 휘둘리지 않도록 해야 한다. 스스로 시간을 통제하고 분배하고 조직화할 수 있도록 훈련시켜야 한다. 학원 숙제가 너무 많아 새벽까지 깨어 있어야 하는 것은 정말 좋지 않은 상황이다.

시험대비 시간 관리

사실, 초·중학교 때의 학교 성적은 시험 대비 기간을 얼마나 효과적으로 보내느냐에 달려 있다. 따라서 정해진 시간 동안 어떤 방법으로 시험공부를 하는가가 무척 중요하다. 아이들 중에는 시험공부 하는 방법 자체를 모르는 경우가 많다. 책을 한 번 읽는 것으로 시험공부를 다했다는 아이들도 있고, 다음날 칠 과목을 정리하지 않고 엉뚱한 과목을 준비하는 아이들도 있으며, 개념이나 본문 내용은 공부하지 않은 채 문제집만 열심히 푸는 아이들도 있다.

이때 부모들은 자신의 성공과 실패의 경험을 솔직히 아이들에게 들려주고, 어떻게 하면 가장 효과적으로 시험 대비를 할 수 있는지를 같이 고민하고, 방법을 찾도록 도와주어야 한다. 뒤에서 시험대비관리 양식인 〈셈플래너〉를 통해 자세히 설명하도록 하겠다.

방학 중 시간 관리

'1만 시간의 법칙'으로 유명한 말콤 글래드웰Malcolm Gladwell의 〈아웃라이어Outliers〉에는 방학의 중요성에 대한 내용이 나온다. 긴 여름방학을 어떻게 보내느냐에 따라 학업성취도에 아주 큰 영향을 미친다는 것이다.(미국은 여름방학이 길고, 9월에 새학년이 시작된다.) 저자가 인용한 내용에 따르면, 아이들을 빈곤층, 중산층, 상류층으로 나누고, 이들의 학업성취도를 조사했는데, 학기 중에는 별 차이가 없다가(오히려 빈곤층 아이들이 더 잘 하기도 한다.) 긴 여름방학이 끝나고 새로운 학기가 시작되면 상류층 아이들이 월등히 앞선다는 것이다.

연구자의 논리는 이렇다. 방학 기간 동안 무엇을 했느냐가 아주 중요한 차이라는 것인데, 상류층 아이들은 방학 동안 집에 있는 수많은 책을 읽고, 여행을 다니고, 다채로운 캠프에 참가하고, 다양한 학습활동을 하는 반면, 빈곤층 아이들은 집에 틀어박혀 TV를 보거나, 컴퓨터게임에 빠져들기 때문이라는 것이다. 물론, 아이들을 경제적인 수준으로 지나치게 단순히 분류한 것에서는 거부감이 들 수 있지만, 방학이 그저 놀아서는 안 되는 아주 중요한 시간이라는 사실에 대해서는 세계적인 석학이라도 이견(異見)이 없는 것 같다.

물론, 양극단은 좋지 않다. 방학 기간 동안 아무 생각도 계획도 없이 시간을 낭비 하는 것도, 반대로 숨 쉴 틈 없는 학원수강으로 시간표를 도배하는 것도 바람직하지 않다. 학습적인 계획과 재충전의 시간을 적절히 조합하여 실천하도록 해야 한다.

학기 중 시간 관리

시간 관리의 목적은 아이들을 감독하고 통제하려는 데 있지 않음을 명심하자. 그것은 가능하지도 바람직하지도 않다. 대신 아이들로 하여금 스스로 시간 관리를 할 수 있도록 그 방법을 가르치고 훈련하는 데 있다. 그러기 위해서는 아이들이 스스로 자신의 시간을 체크할 수 있는 툴tool이 있어야 한다.

먼저, 학기 중 시간 관리를 살펴보도록 하자. 가장 기본적이고 핵심적인 툴이 〈텀플래너Term Planner〉이다. 이는 주간 학습관리 양식인 〈위클리플랜Weekly Plan〉과 매일 학습관리 양식인 〈데일리리뷰Daily Review〉로 구성되어 있다.

〈위클리플랜〉의 활용

시간 관리에서 가장 중요한 단위는 일주일이다. 그 일주일의 시간을 어떻게 효율적으로 관리하는가, 어떤 리듬을 타는가가 시간 관리의 핵심이다.

〈위클리플랜〉은 일주일 동안의 아이들의 동선을 한 눈에 파악할 수 있도록 구성되어 있다. 일단, 아이들의 등·하교 시간, 학원가는 날 등을 표시한다. 그러면 어느 정도의 시간이 활용가능한지 알 수 있을 것이다. 그 시간이 시각적으로 한 눈에 들어와야 한다.

그렇게 해야 일주일 동안의 학습계획을 짤 수 있다. 〈위클리플랜〉 양식에 맞추어 아이들이 직접 쓰도록 하자. 그리고 요일에 따라 아이가 스스로 계획을 세워서 적도록 한다. 학년이 낮은 경우에는 부모가 도움을 줄 수도 있지만 고학년이 될수록 너무 많이 개입해서는 안 된다.

이렇게 작성해두면 학교 공부, 학원 공부, 그리고 스스로 해야 하는 공부 계획을 종합적으로 세우고 실천할 수 있다. 이 내용은 잘 바뀌지 않을 것이므로 크게 출력해서 거실에 붙여 놓자.

공부하라는 잔소리 대신 〈위클리플랜〉을 활용하자!

〈위클리플랜〉의 좋은 점은 부모가 "공부하라"는 잔소리를 줄일 수 있다는 것이다. 잔소리 대신 벽에 붙어 있는 〈위클리플랜〉을 가리키면 된다. 아이가 스스로 〈위클리플랜〉을 작성했다면 특히 효과가 크다. 스스로 한 약속을 지키도록 '권유'하기만 하면 되기 때문이다. 부모는 〈위클리플랜〉에 있는 시간표대로 실천하고 있는지만 점검해주며 된다.

템플래너 위클리플랜　　　　　2학년 1학기

교시/시간	월	화	수	목	금	토	일
07:00						게임가능	
08:00						게임가능	수영
09:00	〈학교	수업	시간표〉			게임가능	수영
10:00	①자율	수학	정보	영어	국어	게임가능	교회
11:00	②영어	사회	체육	사회	과학	게임가능	교회
12:00	③과학	체육	도덕	국어	도덕	자유	자유
13:00	④도덕	영어	서클	수학	정보	↓	↓
14:00	⑤수학	국어	과학	봉사	수학		
15:00	⑥국어	도덕	영어	정보	체육		
16:00	⑦사회	과학	국어	동아리			
17:00	자유	자유	자유	자유	자유		
18:00	영어학원	수학학원	↓	영어학원	수학학원		
19:00	영어학원	수학학원		영어학원	수학학원		
20:00	영어학원	수학학원		영어학원	수학학원		
21:00	식사	식사	식사	식사	식사		자유공부
22:00	데일리리뷰	데일리리뷰	데일리리뷰	데일리리뷰	데일리리뷰		↓
23:00	영어공부	영어공부	영어공부	영어공부	영어공부		
24:00	수학공부	수학공부	수학공부	수학공부	수학공부		
	취침	취침	취침	취침	취침		

- '자유'시간에 할 수 있는 것: 독서, 학교 및 학원숙제, 외출 단, 게임은 금지

〈데일리리뷰〉의 활용

〈위클리플랜〉이 사전에 세팅되어 있는 루틴한 계획이라면, 이를 토대로 하여 실제 매일 하고 있는 일에 대한 점검표가 필요하다. 〈데일리리뷰〉가 그 역할을 하게 될 것이다.

아이들이 공부를 잘 하게 되는 단순하지만, 아주 중요하고도 확실한 방법은 바로 '복습'이다. 물론 예습까지 할 수 있다면 더할 나위 없겠지만, 현실적으로 예습까지 할 시간이 없을 것이므로 복습이라도 철저히 해야 한다.

이 〈데일리리뷰〉는 복습을 단순 명료하게! 지속적으로! 칼 같이 할 수 있도록 도와준다. 이것만이라도 '습관화'되면 아이들의 학습역량을 강화할 수 있다.

부모의 입장에서도 좋은 것이, 아이들이 학교에서 어떤 내용을 배우고 있는지, 제대로 수업을 받고 있는지를 한 눈에 파악할 수 있다는 점이다.

- **〈데일리리뷰〉의 작성 방법**

과목명 : 그날 수업한 과목의 이름을 적는다. 학원수업이 있는 날이면 학원에서 수업한 과목도 적도록 한다.

수업내용 및 요약 : 수업한 단원명이나 교재의 페이지, 간단한 수업내용을 적어서 무엇을 공부했는지 명확히 알 수 있도록 한다.

숙제/마감일 : 숙제가 있는 경우에는 숙제와 마감일을 적는다.

직후복습 : 직후복습은 〈데일리리뷰〉 항목 중에서 가장 중요하다. 직후복습이란 수업이 끝난 후 바로 책을 덮지 말고, 수업했던 내용을 한 번 훑어보고 되새기는 것을 말한다. 이것이 완료되었으면 직후복습에 체크하도록 한다.

그날복습 : 직후복습이 수업직후의 복습이라면, 그날복습은 24시간 이내에 하는 복습이다. 이것은 보통 '거실공부' 시간에 할 수도 있고, 아이들이 스스로 할 수도 있다.

스스로숙제 점검표 : 스스로숙제 점검표 란에는 학교나 학원 수업과는 상관없는 스스로 정한 목표를 실천하고 기록하는 곳이다. 예를 들어 '영어단어 ○개 외우기', '영어듣기 30분'같은 것들이 여기에 속한다.

타임라인 : 하루 동안 실제로 한 일을 시간대별로 간단히 적는다. 너무 세세하게 적을 필요는 없다. 다만 하루 동안의 시간을 어떻게 사용했는지 알 수 있도록 솔직히 적어서 〈위클리플랜〉의 계획을 제대로 실천했는지 점검한다. 특히 누적 공부 시간에는 실제로 공부한 시간을 적어서 자신의 공부습관을 반성하도록 한다.

템플래너 데일리리뷰

4월 12일 (화)요일

※학교수업 및 학원수업을 모두 적기요!

과목	수업내용(페이지 또는 단원명) ※가능한 상세히 적으시오.	숙제/ 마감일	직후 복습	그날 복습	확인
수학	<p.36~사이> 유리수와 근삿값 유리수와 순환소수 → 순환소수 개념, 순환소수를 분수로	×	○		
사회	<P.38~사8> *청동기 문화 *세계4대문명(이집트, 메소포타미아, 인더스, 중국)	×	○	○	🍪
영어	lesson 2 본문 - 단어 체크	본문단어암기 담주 수욜	○	○	🍪
국어	<보충 프린트 물> 국어 문법, 조사의 기능 정리 김유정 - 동백꽃 읽기	김유정조사 담주 목욜	○	×	🍪
도덕	<P.32~> 공부와 진로	×	×		
과학	<P.21~30> 열에너지 -열: 열 온도, 열과 온도의 변화, 열평형상태		×	○	
수학 (학원)	<학원교재 P.22~사2> 연립방정식	P.43~46 담주 금욜	×	○	

160 | 거실은 아이들의 미래를 결정한다

4월 12일 (화)요일

스스로숙제 점검표
*스스로 정한 매일의 목표를 채워갑니다!

항목	계획	확인
수학문제	p.10~16	완료
문법훈련소	to부정사	완료
독해	25~28p	완료
EBS리스닝	4. 12일 방송	완료

타임라인

시간	공부한 내용/한 일	누적공부시간
~	학교	
6:00	저녁/맥도날드	-
6:30~8:00	수학학원	-
9:00~40	수학문제	40분
10:00~40	EBS리스닝 딕테이션	60분
~11:20	독해	100분
~12:00	문법훈련소	140분

오늘 반성

학원숙제는 내일 해야겠다. 아, 피곤해.
래학 지유 복습 못했음. 확인할 것.

161

하루 학습 관리

지금까지 구축했던 하드웨어와 소프트웨어, 그리고 〈위클리플랜〉의 계획, 〈데일리리뷰〉의 실행을 중심으로 아이들과 어떻게 거실공부를 하는지 살펴보도록 하자.

아침 시간

아이가 초·중학생이라면 보통 8시 30분까지는 학교에 도착해야 한다. (물론 지역에 따라서 다를 수 있다.) 그러면 적어도 6시 30분에는 일어나야 여유롭게 등교 준비를 할 수 있을 것이다. 이 아침시간이 절대적으로 평화롭고 명랑해야 한다. 이 시간이 분주하고 정신없고, 서로 고성이 오고가게 되면 그날 하루는 완전히 엉망이 된다.

아침에 제일 일찍 일어나는 사람이 거실에 있는 라디오를 켠다. 볼륨을 조금 높여야 한다. 물론 주파수는 EBS로 맞추어져 있을 것이다. 이 시간에는 연달아 영어프로그램만 나온다. 가족 모두는 아침에 분주히 움직이면서도 끊임없이 영어에 노출되는 것이다.

아빠의 출근 시간에 따라 식사시간이 달라질 수 있겠지만 가급적 아이들과 같이 식사하도록 하자. 그 시간에 아이들의 학교생활에 대해 대화를 나누거나, 그때 들리는 영어표현들을 따라할 수도 있을 것이다.(그 시간 내도록 라디오에서는 영어가 나올 것이므로) 이 프로그램들의 진행자들은 의도적으로 재미있고 활기차게 진행하기 때문에 집안 분위기도 덩달아 좋아진다. 아침식사 후에 시간이 좀 남으면 책이나 신문을 읽도록 하자. 아침 시간에는 잔소리나 무거운 이야기는 하지 않는 것이 좋다. 무조건 기분이 좋은 상태로 등교해야 한다.

학교 수업 시간

학교 수업 시간보다는 학교 끝나고 집에 들어오는 시간까지가 문제이다. 아이들의 휴대폰에 위치 추적 서비스를 신청하면 한 시간 단위로 아이의 위치를 파악할 수 있어서 편하다. 이는 아이들을 통제하기 위한 것이라기보다는 안전을 위한 것이므로 적절히 활용하도록 하자.
요일별로 학교 마치는 시간을 파악해 두어야 한다. 학교 마치고 5시까지는 아이들에게 자유를 주도록 한다. 위험하지 않고, 부모에게 그대로 말할 수 있는 일이라면 어떤 일이든 허용한다. 아이들과 운동장에서 놀거나 또래끼리 군것질하는 것도 그 나이에서는 아주 중요한 일이기 때문이다. "쓸데없이 왜 몰려다녀?"라고 하지 않도록 하자. 단, 늦어도 반드시 집에 들어와야 하는 시간은 정해주어야 한다.

오후 5시부터 저녁식사 전까지

5시부터 저녁식사 전까지는 아이 스스로 준비하는 시간이다. 알림장을 보고 준비물 챙기고 학교나 학원 숙제를 미리 해 두도록 한다. 이 부분은 절대 대신 해주어서는 안 된다. 아이 스스로 할 수 있도록 격려하고, 안 되었을 경우에는 스스로 책임지도록 해야 한다. 부모가 대신 해 주면 그때부터는 일이 복잡해질 것이다.

또한, 집안일도 거들도록 하자. 청소기 돌리기, 빨래 정리하기, 쓰레기 분리수거, 설거지 등을 아이의 키와 근력, 지적 수준에 맞게 분배하도록 한다. 집안일을 분담하는 것은 생각보다 중요한 작업이다. 이것은 아이들의 자존감 형성에도 큰 영향을 미친다.

아이들이 각자 해야 할 일이나 숙제, 식사나 샤워도 다 했으면 빈둥거리도록 놔두면 된다. 책을 보든, 보드게임을 하든, 낙서를 하든 신경 쓰지 마시라. 단, 주중에는 TV시청이나 컴퓨터 게임, 휴대폰 게임 등은 절대 금지시키는 것이 좋다.

저녁 9시부터

9시 언저리는 '거실공부'가 시작되는 시간이다. 그 운영에 있어서 가장 중요한 요소는 꾸준해야 한다는 것이다. 말처럼 쉽지는 않다. 퇴근 하는 아빠의 체력과 정신적, 물리적 에너지가 완전히 고갈된 상태일 것이기 때문이다. 기분 같아서는 시원한 맥주 하나 들고 소파에 드러누워 TV나 보다가 잠들면 딱 좋겠다는 생각이 들지도 모르겠다. 물론, 그렇게 해도 된다. 그래서 피곤이 풀리고 더 활기찬 내일을 맞이할 수 있다면 말이다. 아이들이 학교 다니는 그 황금 같은 시기를 그렇게 보낸들 아무도 뭐라고 하지 않을 것이다. 그렇게 하든, 안 하든 아무 상관 없이 삶은 지속될 것이고, 아이들은 그런 아버지를 보며 아무 탈 없이 성장해 나갈 것이다. 진짜 아무 일도 일어나지 않는다.

하지만 아이들은 그런 아빠의 삶을 보고 어떤 생각을 하게 될까. 그저 집에 들어오면 피곤에 찌들어 무기력한 삶을 사는, 들을 것도 배울 것도 없는, 다니기 싫은 직장 억지로 다니는, 아무런 감동도 의미도 없이 사는, 그런 사람으로 생각하지 않을까. 아이 자신도 커서 아빠와 비슷한 삶을 살게 될 것이라고 생각하지 않을까?

하지만 아이들과 좀 더 가치 있는 삶을 살고 싶다면, 아이들과 영적, 지적 교류를 하고 싶다면, 몸은 좀 피곤하더라도 더 독해질 필요가 있다. 스스로에게 강력히 다짐해야 한다. 몸이 부서지는 한이 있더라도 아이들과 함께 하겠다고 말이다. 물론 걱정하지 마시라. 그 정도로 부서질 몸이 절대 아니다. "마시고 죽자!"는 술자리 각오의 반 정도만 있어도 충분하다. 술자리와 다른 것이 있다면, 더 건강하고, 훨씬 가치 있고, 비교할 수 없이 생산적이라는 점이다.

물론 9시라는 시간은 유동적이다. 9시로 맞춘 이유는 내가 퇴근하고 조금의 여유를 가진 후 시작할 수 있는 시간이라서 그렇다. 퇴근 시간이 더 이르고 아이들의 학년이 낮은 경우에는 시간을 좀 더 당겨도 된다. 다만, 매일 2시간 정도의 시간은 확보할 수 있도록 환경을 조성하여야 한다. 9시가 되기 전까지 아이들은 학교숙제나 학원숙제를 끝내는 것을 원칙으로 해 두는 것이 좋다. 9시가 되었는데도 숙제를 붙잡고 있으면 시간관념이 흐지부지 되기 마련이다. 이 시간을 공식적인 행사 느낌이 나도록 조성해 주어야 한다.

거실공부의 운영

자 이제, '거실공부'의 실질적인 운영에 대해 알아보자. 물론 정해져 있는 것은 없다. 아이들의 성향에 따라, 학년에 따라, 부모의 스타일에 따라, 그리고 아이들과의 합의된 내용에 따라 그 형태는 천차만별일 수 있다. 다만, 이 시간이 비난과 평가, 잔소리, 원망의 시간이 아니라 칭찬과 격려, 건강한 토론, 진솔한 대화가 오고가는, 절대적으로 행복한 시간이어야 한다는 것이다. 거실이 행복하지 않다면 거실공부는 당장 멈추어야 한다.

여기서는 내가 직접 해 보았던 사례들을 중심으로 설명하겠다. 물론 이대로 해야 하는 것은 아니다. 그저 참고만 하고 각자의 환경과 상황에 맞게 적용하면 된다.

- **거실공부 타임테이블 예시**

시간	내용
9:00~9:10	시작 알림 의식
9:10~10:00	데일리 리뷰 확인
10:00~완료	요일별 스스로숙제

시작 알림 의식

'거실공부'의 가장 큰 위험성은 집이라는 공간에서 이루어진다는 점이다. 집은 너무 편안하고 익숙한 공간이다. 당연히 긴장감이 떨어지고 시간관념이 극히 약해질 수 있다. 아이들은 부모, 특히 아빠가 독한 마음을 품지 않으면 온갖 핑계로 시간을 흐지부지하게 만들려는 작전을 펼 것이 분명하다. 그러므로 공부시간이 되었을 때 조금은 거창하게 알릴 필요가 있을 것이다. 마치 하나의 리추얼ritual처럼 진행하는 것이 좋겠다.

- **시작 알림 의식의 예시**
  1. 종교를 가지고 있는 경우, 기도 또는 짧은 가정예배
  2. 간단한 체조나 요가, 명상
  3. 좋은 시 읽기

〈데일리리뷰〉 확인(복습 확인)

아이가 직접 작성한 〈데일리리뷰〉를 바탕으로 오늘 수업한 내용을 확인하고 점검하는 시간이다. 〈데일리리뷰〉는 반드시 학교에서 수업 끝날 때마다 바로 적도록 강조하고, 그것이 아예 습관이 되도록 지도하자. 집에 와서 한꺼번에 정리하면 그 복습의 효과가 약해진다.

이 〈데일리리뷰〉가 사실 '거실공부'의 가장 핵심적인 시간이다. 아이가 학교에서 적어 온 〈데일리리뷰〉의 내용을 토대로 매일복습을 진행하면 된다. 사용교재는 바로 '교과서'이다. 그런데 여기서 하나의 걸림돌이, 요즘 아이들은 교과서를 들고 다니지 않는다는 점이다. 학교 사물함에 모든 교과서를 넣어두고 다니다보니 집에서는 아이들이 교과서 관리나 노트정리를 어떻게 하는지 도통 알 수가 없다. 교과서를 하나씩 더 구입하는 것도 하나의 방법이 되겠지만 그렇게 되면 교과서 사용에 대한 집중력이 분산될 수밖에 없다.

따라서 자습서를 활용하자. 교과서는 학교에 두고, 자습서는 집에 두도록 하자.(물론, 가장 좋은 방법은 교과서를 들고 다니는 것이긴 하다!) 그리고 학교에서 수업하는 내용은 노트에 정리하도록 하고 그 노트는 집으로 가지고 오도록 해야 한다. 그래야 학교에서의 수업내용과 수업태도를 간접적으로라도 알 수 있다.

부모는 〈데일리리뷰〉와 과목별 노트, 자습서를 가지고 매일 복습 하도록 지도한다. 그리고 매일 복습이 완료되었으면 〈데일리리뷰〉에 확인 도장을 찍어주거나 사인을 하도록 하자.

물론 모든 과목을 매일 복습할 필요는 없다. '국영수과사' 위주로 진행하면 된다. 진행 방법도 다양할 것이다. 다음은 우리 집에서 사용했던 방식이다.

- **〈데일리리뷰〉 진행방법 유형**

방법 1   교과서의 내용과 노트에 정리한 내용을 종합하여 설명하기.

방법 2   교과서의 내용과 노트에 정리한 내용을 공부하게 하고, 외워서 적어보기. 그리고 그 내용을 설명하기.

스스로숙제 하기

〈데일리리뷰〉로 그날 공부한 내용을 복습했다면 남는 시간은 아이들이 스스로 설정한 '스스로숙제'를 하도록 한다. '스스로 공부'가 아니라 '스스로숙제'임을 주의하자. 스스로 공부하라고 하면 계획 없이 이것저것 들추어보다가 끝날 수 있다. 하지만 '스스로숙제'는 그날 해야 할 항목과 분량을 명확히 명시하고 그것을 반드시 완수해야 한다. 아이들 스스로 선정하도록 하고, 〈위클리플랜〉에 구체적으로 적어 두자. 물론 요일마다 다르게 할 수 있다.

• **스스로숙제 예시**

분류	숙제
수학	문제집 4페이지씩 풀기
영어	〈문법훈련소〉 한 챕터씩 풀기 EBS라디오 프로그램 딕테이션 하기 영어일기 쓰기 영어이야기 책 독해하기
기타	신문기사 작문하기

다음에는 '스스로숙제' 시간에 바로 적용할 수 있는 다양한 방법들을 살펴보도록 하겠다.

스스로숙제 ; 수학

아이들이나 부모 모두 수학을 가장 부담스러워하고 어려워한다. 당연히 수학공부 시간이 제일 많고, 수학에 지출하는 사교육비가 제일 높다. 하지만 투자한 시간이나 비용만큼 수학성적이 만족스럽지 않은 이유는 무엇일까.

내가 필자로 참여한 〈수학 잘하는 습관〉과 〈끝장 보는 수학공부〉에서 쓴 바와 같이(더욱 구체적인 내용을 원한다면 이 두 권의 책을 꼭 참고하기 바란다.), 수학을 잘 하기 위해서는 좋은 수업을 듣는 것도 중요하지만, 스스로 머리를 싸매고 직접 문제를 푸는 시간이 절대적으로 필요하다. 수학은 피아노 연습과 백퍼센트 똑같기 때문이다.(손가락을 이용해야 한다는 것까지!) 아무리 멋지고 열정적인 강의를 하루 24시간 듣고, 그 강의를 백 퍼센트 이해했다 할지라도, 그 강의를 통해서 수학실력이 늘어나는 사람은 그 강의를 한 선생님뿐이다.

수학을 어떻게 봐주지?

수학하면 일단 겁부터 먹는 학부모들이 많은데 그럴 필요가 없다. 아이의 레벨에 맞거나 약간 어려운 내용의 교재를 하나 선정하고, 학교나 학원 진도에 맞추어서 문제를 풀게 하고 채점한다. 이후 오답만 다시 풀리고 채점하면 된다. 보통 아이들은 문제가 조금만 어려워도 쉽게 포기하려는 경향이 있는데, 이때 부모는 격려하고, 회유해서 끝까지 문제를 해결할 수 있도록 도와주어야 한다.

이 과정에서 절대 화를 내어서는 안 된다. 물론 죽어도 모르겠다는 문제가 있을 수는 있으므로, 그 문제들은 표시해 두었다가 학교나 학원 선생님에게 질문하게 해서 반드시 해결하도록 하자. 그 후에 부모는 그 문제가 해결되었는지 반드시 물어 보아야 한다.(아니면 은근슬쩍 넘어가려고 할 것이다.) 이를 통해 어려운 문제는 포기하는 것이 아니라 어떻게 하든지 해결해야 한다는 의식을 심어 주도록 한다.

중학과정까지는 개념서를 이용한 '선행'도 충분히 가능하다. 개념서의 개념설명이 이해가 되지 않으면, 유튜브, 지식검색, 각종 인터넷 사이트를 통해서 얼마든지 집에서 공부할 수 있다.(이때는 가급적 부모와 함께 필요한 부분만 시청하도록 한다.) 특히, EBSMath 사이트의 개념 설명은 훌륭하다.(로그인도 없이 무료로 이용할 수 있다.)

물론 내신 수학이 아닌 특수한 수학의 경우에는 집에서 도와주기는 벅찰 것이다. 영재학교나 과고, KMO(한국수학올림피아드)를 비롯한 각종 경시대회 준비가 여기에 속한다. 이때는 전문교육기관이나 학원에 의뢰 하는 것이 좋다.

여기서는 일반적인 학교시험을 잘 치를 수 있는 수준이다. 물론 학교

수학 시험이라도 만만한 것은 절대 아니지만.

수학풀이노트 관리

초등학교 고학년이 되면서부터 풀이과정을 꼼꼼히 적는 훈련을 해야 한다. 서술형평가나 스팀STEAM형 수학의 도입 때문이기도 하지만, 그러한 과정에서 논리력과 언어력, 문제해결력을 키울 수 있기 때문이다. 이때 필요한 것이 수학풀이노트이다. 이것은 단순히 수학공책과는 좀 다르며, 오답노트와는 더 많이 다르다. 제법 두꺼운 스프링 노트를 구하도록 하자. 문제를 거기에다 풀도록 한다. 이유는 풀이과정을 꼼꼼히 보기 위해서이다. 문제집에다 그냥 풀게 되면 여기 적었다 저기 적었다 해서 정리가 안 된다. 연습장에 적어도 상황은 마찬가지일 것이다. 풀이과정을 제대로 적게 하고, 그것을 점검하기 위해서는 별도의 수학풀이노트가 가장 효과적이다.

사용할 때에는 노트를 반으로 접고, 왼쪽 면에 풀이를 적는다. 그리고 채점한 후 틀린 문제는 그 문제가 있는 바로 왼편에 다시 풀면 된다. (별도의 오답노트가 필요 없다.) 자습서 문제, 평가 문항집 문제, 학원 교재 문제, 집에서 푸는 모든 수학 문제의 풀이를 적도록 한다.

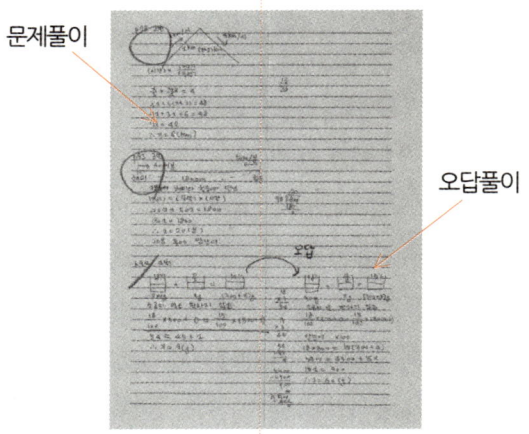

→ 문제풀이 부분에는 교재이름과 페이지, 문항번호를 꼼꼼히 적어서 어떤 문제인지를 명확히 밝히도록 한다.

수학풀이노트는 일종의 트로피다

태권도 학원에 아이들을 보내보면 다 알겠지만, 태권도 학원을 다니는 목적 중에 태권도를 배우는 자체만큼 중요한 것이 하나 더 있다. 그것은 바로 태권도 학원에서 여러 가지 대회를 통해 나누어주는 '트로피'이다. 트로피라고 해 봐야 돈으로 따지면 기껏 1~3만 원 정도일 것이다. 금빛으로 반짝거려서 멋져 보이지만 자세히 살펴보면 플라스틱에 금색으로 칠한 것에 불과하다. 개중에는 불량품도 있어서 잘 떨어지거나 삐딱한 것도 있다. 하지만 아이들은(아이들보다 부모들이 더) 그 트로피를 신줏단지 모시 듯 한다. 무슨무슨 태권도 대회 우수상(거의 절반에 가까운 아이들에게 준다.)이라고 적힌 트로피를 책상에 두고서 자기만족에 빠지는 것이다. 아이나 어른이나 다 똑같다. 어른이 되면 태권도 대회 대신 골프 대회 트로피가 될 것이지만.

사람들은 자신이 힘써 이룩한 것을 시각적인 것으로 소유하기를 원한다. 그것은 자신이 이룬 것에 대한 기념임과 동시에 앞으로 그 일을 계속하게끔 하는 시각적인 동기부여가 되기 때문이다.

수학공부에 있어서도 이런 '트로피'가 될 만한 것이 필요한데, 그것이 바로 '수학풀이노트'다. 자신이 끙끙대며 풀었던 수학문제가 고스란히 담겨있는 노트를 초등학교 때부터 모으고 있는 사람을 본 적이 있는데, 그런 사람이 수학을 못할 리가 없을 것이다.

수학문제풀이와 컴퓨터게임 연동하기

이렇게 수학풀이노트를 관리하면 하루에 푸는 수학문제에 인센티브를 걸 수 있다. 주말 컴퓨터 게임 가능 시간을 아이가 푼 수학문제 개수와 연동하는 것이다. 수학 풀이노트에 풀이과정이 적힌 문제 1개를 컴퓨터 게임 가능시간 1분으로 환산하는 식이다.(물론, 단순 연산문제는 제외하거나, 단위를 좀 더 작게 만들면 된다.) 따라서, 하루에 30문제 정도 푼다고 하면 월요일부터 금요일까지 150문제를 푸는 것이고, 주말에 2시간 30분 동안 게임을 할 수 있다는 의미가 된다.

이때는 반드시 커다란 타이머가 필요하다. 2시간 30분이 컴퓨터 게임 가능시간으로 인정되었다면, 타이머를 2시간 30분으로 맞추어두고 게임을 시작하게 한다. 시간이 다 되면 소리가 날 것이다. 그러면 자연스럽게 게임을 끝내게 한다. 잔소리 할 필요도 없고, 아이와 싸울 필요도 없다. 그냥 타이머가 잔소리하게 하면 된다.

스스로숙제 ; 글쓰기

요즘 아이들에게 문제가 되는 것이 어휘력이다. 어휘력이 받쳐주지 못하면 사회나 국어는 물론, 수학과 과학까지 힘들어진다.
어휘력을 늘리는 가장 좋은 방법은 당연히 독서다. 하지만 의외로 글쓰기도 어휘력을 늘리는 데 아주 효과적이라 할 수 있다. 글을 쓰는 과정에서, 자신의 생각을 좀 더 효과적으로 표현할 수 있는 어휘를 찾아야 하기 때문이다.
글쓰기 능력은 서술형 평가가 크게 늘어나고 있는 초·중학생 때는 물론이고, 대학 입시에서의 논술전형에서도 중요하다. 하지만 더 중요한 때는 대학 입학 이후부터다. 대학교육에서 가장 중요한 능력이 바로 글쓰기이기 때문이다. 대학의 학위를 가지고 있다는 것은 일반적으로 자신의 전공 분야에 대한 책을 쓸 수 있다는 의미다. 대학을 졸업하고 나서도 중요하긴 마찬가지이다. 일반적인 직장 업무의 상당부분을 글쓰기 능력이 차지할 것이기 때문이다.
이처럼 자신의 생각과 의사를 글로 잘 표현하는 능력은 어디에서나 환영받는다. 그 능력을 키우기 위해서는 어릴 때부터 쓰는 습관을 꾸준히 들여야 한다. 가장 좋은 방법은 일기를 쓰는 것이긴 하지만, 신변잡기 위주이기 때문에 다양한 주제에 대해 생각하기에는 한계가 있는 것이 사실이다. "나는~"으로 시작해서 "참 재미있었다."로 끝날 확률이 높다. 게다가 일기는 상당히 개인적인 내용일 수밖에 없기 때문에 그것을 부모가 본다는 것도 적절하지는 않다. 따라서 일기와는 별도로 작문노트를 통해 아이들이 글을 쓸 수 있도록 하고, 그 내용을 부모가 검토하는 것이 좋겠다.

작문노트의 관리

수학풀이노트처럼 아주 두꺼운 스프링 노트를 마련하여 매일 글 하나씩 적게 하도록 한다. 두꺼운 스프링 노트를 준비하는 이유는, 일반 얇은 노트를 사용하면 조금 쓰다가 잘 잃어버리기 때문이다. 그러니 애초에 잘 쓰고자 하는 마음이 들지 않는다. 하지만 두꺼운 스프링 노트는 그것을 작문으로 다 채우겠다는 어떤 욕심을 불러일으킨다. 이것도 일종의 트로피다. 거기에 빼곡히 적혀 있는 아이의 글을 보면 참 행복하다. 아이의 생각과 고민, 관심분야가 무엇인지 알 수 있고, 마음까지 전해지기 때문이다.

- 작문노트에 쓰는 다양한 형태의 글

독후감
신문기사 읽고 요약하기
시(詩) 쓰기
다양한 주제에 대한 자신의 의견 쓰기
자유 주제

사회 문제에 대한 자신의 의견 쓰기
위 주제를 영어로 써보기(가능한 경우에만)

그리고 이 작문을 토대로 토론하여 보자. 이때 부모는 맞다, 틀리다를 논하지 말고 다양한 생각을 표현할 수 있게끔 가능성을 열어두는 것이 좋겠다. 이를 토대로 수많은 대화를 이끌어 낼 수 있을 것이기 때문이다.

"이건 왜 이렇게 생각하는 거니?"
"또 다른 이유도 있지 않을까?"
"네가 이 사람이었다면 어떻게 행동했겠니?"
"이 상황에서 어떻게 행동하는 것이 올바른 것일까?"

독후감 쓰기

작문 노트에 가장 많이 적어야 하는 글은 아마도 독후감일 것이다. 책을 읽은 후 기록을 남기는 것은 무척 중요한 작업이다. 고교입시나 대학입시에서 독서활동은 아주 중요한 평가항목이기 때문이다. 물론 요즘에는 독서기록을 블로그blog나 SNS에 남기는 경우가 많다. 특히 각 시·도 교육청에서 운영하는 '독서교육종합지원시스템' 사이트가 있어서 아이들의 독서활동과 그 기록을 돕고 있으니 충분히 활용 가능하다.

하지만 이것들은 모두 디지털 기기를 사용해야 한다는 것이 문제다. 어른들은 상관없지만 적어도 아이들의 경우에는 필기구로 꾹꾹 눌러쓰는 '독후감 연습'이 중요하다. 나중에 디지털 기기에 입력하게 될 때에도,

그 기반이 되는 '독후자료'가 필요하기 때문이다.

또 다른 문제는, 책을 좋아하는 아이라도 독후감 쓰는 것을 싫어할 수 있다는 것이다. '독후감'이라는 이름에서 오는 엄청난 압박감이 있어서다. 그러므로 아이들이 독후감을 쓸 때에는 형식에 구애되지 않고, 자유롭게 쓸 수 있도록 여러 가지 방법을 알려주자.

우선, 책을 다루는 방법부터 가르쳐야 한다.

- **책 다루기**

책이 아이들 손에 들어갔다 나오면 거의 누더기가 되는 경우가 있다. (그렇게 책이 상하는 것을 보면 마음이 아프다.) 책을 험하게 보는 것도 좋지 않은 습관이다. 책은 최대한 깨끗하게 보도록 가르쳐야 한다. 어디까지 읽었는지를 표시 할 때에는 책의 날개를 사용하거나 책 페이지를 접지 않도록 해야 한다. 좁은 포스트잇이나 북마크를 사용하도록 가르치자.

- **가급적 필기구를 들고 읽자**

책 자체는 소중하게 다루어야 하지만, 책의 내용은 거의 씹어 먹을 정도가 되어야 한다. 그 방법 중 가장 좋은 것은 필기구를 들고서 읽는 것이다. 중요한 내용, 공감 가는 내용에는 줄을 치고, 자신만의 생각이나 의견을 노트할 수도 있어야 한다. 이러한 작업은 나중에 독후감을 적을 때 유용하다.

- **가급적 탁자에 앉아서 읽자**

책을 어릴 때부터 좋아하는 아이들은 보통 소파나 침대에 드러눕거나 엎드려서 책을 읽는다. 그림책이나 만화책은 상관없으나 일반 책을 읽을 때는 가급적 탁자에 앉아서 읽도록 가르치자. 그렇지 않으면 자세와 시력이 나빠질 수 있다.

• **독후감을 쓸 때**

일단 전체 줄거리를 적어야 한다는 강박을 버려라. 책 전체를 논평해야 한다는 생각도 버려라. 중요한 것은 책에서 어떤 것을 얻었으며 읽고 난 후 자신의 생각을 놓치지 않고 적어두는 것이다. 그러므로 책을 읽으면서 줄 친 부분을 중심으로 인용하고, 이에 대한 자신의 생각을 적어나가는 것이 좋다. 양서(良書)의 좋은 구절을 인용하거나, 암기할 수 있다는 것은 어휘력을 늘리는 데 가장 좋은 방법이다.

신문기사를 이용한 글쓰기

신문기사는 글쓰기에 있어서 아주 유용한 자료이다. 신문이라는 것은 당대 글 좀 쓴다는 사람들의 작품이 집합된 매체이기 때문이다. 정확성과 간결함, 논리성을 절대적으로 추구한다. 이런 글을 매일 읽고 정리하는 것은 글쓰기에 아주 큰 도움이 된다. 시사 상식을 넓힐 수 있는 것은 덤이다. 다만 정치적으로 지나치게 편향되지 않도록 주의해야 한다. 가장 좋은 방법은 보수적인 논조와 진보적인 논조의 신문을 동시에 구독하는 것이다.

일단, 신문기사를 활용한 작문노트 관리는 이렇게 진행하면 된다. 먼저 그날의 신문 중에서 아이가 스크랩할 것을 고르도록 한다. 물론 신문 중에는 아이들을 위한 섹션을 운영하는 경우도 있기는 하지만 거기에 국한될 필요는 없다. 관심 가는 기사를 오려서 노트의 왼편에 붙이고,

그 기사에서 모르는 단어를 찾아서 단어와 뜻풀이를 적도록 한다. 그리고 오른 편에는 신문기사의 요약 및 감상을 적으면 된다.(아래 그림 참조) 이렇게 하면, 신문을 읽음으로써 시사상식을 넓힐 수 있고, 어휘력이 증가하며 동시에 문장력도 높일 수 있다.

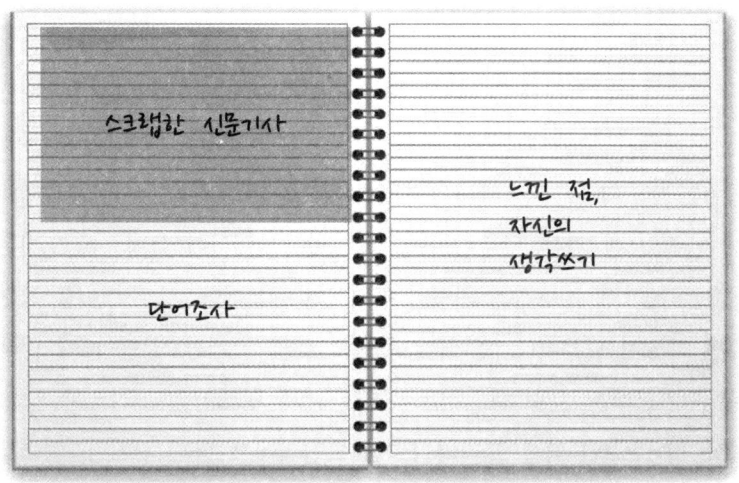

스스로숙제 ; 영어

영어는 언어다. 언어는 환경의 지배를 엄청나게 받는다. 우리 부모세대가 아주 오랜 기간 동안 영어를 배웠어도 영어하면 울렁증이 도지는 이유는, 영어를 사용하는 환경이 아니었기 때문이다. 실로 영어를 책으로만 배웠기 때문이다. 영어를 문법책으로만, 문제집으로만 배웠기 때문이다. 그것은 춤을 책으로만 배우는 것과 0.0001%도 다르지 않다. 춤을 잘 추려면 땀을 흘리며 온 몸을 움직여야 하는 것처럼, 영어를 잘 하려면 입으로, 귀로, 느낌으로, 온 몸으로 배우고 익히고 연습해야 한다. 그러기 위해서는 거실을 영어가 계속 흘러나오는 환경으로 만들어주어야 한다.

영어는 학원의 도움을 반드시 받아야 된다고 생각하겠지만, 구조를 잘 짜면 집에서도 충분히 가능하다. 요즘에는 영어콘텐츠가 워낙 풍부하고 퀄리티도 괜찮으므로 영어 환경을 조성하는 데 그리 어렵지 않을 것이다.

리스닝, listening

영어학원에 보내지 않고 리스닝 연습을 할 수 있는 방법을 알아보자.

• EBS라디오를 이용한 리스닝 연습

아침 기상용으로 틀었던 EBS라디오 프로그램을 바로 저녁에 리스닝 훈련 콘텐츠로 사용할 수 있다.(현재는 인터넷을 통해 재방송 하고 있다.) 각 프로그램의 방송용 교재를 구입하여 활용한다.
아이들의 능력에 따라 다양하게 진행한다. 교재를 보기 전에 먼저 딕테이션dictation을 하도록 하고, 교재를 보면서 수정해나가도록 한다.

• 오디오파일을 이용한 리스닝 연습

앞에서 오디오파일 만드는 방법을 알려주었다. 그 오디오파일을 활용하여 딕테이션 연습을 하도록 할 수 있다. 딕테이션 하고 난 후 책을 보면서 틀린 부분을 수정해 나가도록 한다.

• DVD타이틀을 이용한 리스닝 연습

외국에 살지 않고서도 영어를 잘하는 가장 효과적인 방법이 영화나 드라마를 보는 것이다. 신의 가창력을 자랑하는 실력파 가수 소향도 유창한 영어실력으로 유명한데, 영화나 드라마를 무자막으로 엄청나게 보았기 때문이었다고 어느 인터뷰에서 말했다. 이 방법은 영어를 즐기면서 익힐 수 있는 가장 좋은 방법이다. 아이가 영어로 된 영화나 애니메이션을 보려고 할 때 가급적이면 무자막이나 영어자막으로 볼 수 있도록 유도해보자.

영어독해, reading and comprehension

일단 아이의 수준에 맞는 영어책을 선정하는 것이 제일 중요하다. 독해를 연습하는 책은 절대 어려워서는 안 된다. 아이의 수준에 맞거나 조금 쉬워야 한다. 대신 양을 조금 많이 잡는 편이 낫다. 아이가 혼자서 영어책을 좋아해서 끊임없이 읽으려고 하면 그대로 놓아두면 된다. 하지만 대부분의 아이들은 영어책 읽는 것을 그리 좋아하지 않을 지도 모른다. 그런 아이들에게 그냥 읽으라고 하면 읽는 시늉만 할 수도 있으므로 부모의 입장에서는 확인하는 방법을 찾아야 한다. 아래는 내가 사용하는 영어독해 숙제 검사하는 방법이다.

- **영어독해 숙제 검사하는 법**
1. 일단 이번에도 노트를 준비한다.
2. 숙제할 분량을 정한다.(하루에 4페이지 정도)
3. 독해할 페이지의 문장 하나하나에 번호를 매기도록 한다.
4. 노트에 문장 번호를 쓰고 독해한 내용을 적는다.

영어책

①The next day Hem and Haw left their homes, and returned to Cheese Station C again, where they still expected, somehow, to find their Cheese.
②The situation hadn't changed, the Cheese was no longer their. ③The little people didn't know what to do. ④Hem and Haw just stood there, immobilized like two statues.

from <Who moved my cheese?> by Spencer Johnson

독해숙제

① 다음 날 Hem과 Haw는 집을 떠났다가, 치즈스테이션C로 다시 돌아왔는데, 거기는 그들이 어쨌든 여전히 치즈를 발견하기를 기대했던 곳이었다.

② 상황은 변하지 않았는데, 치즈는 더 이상 거기 없었다.

③ 작은 인간들은 무엇을 해야 할지 몰랐다.

④ Hem과 Haw는 고정된 두 개의 동상처럼 서 있기만 했다.

영어문법, grammar

일반적으로, 부모가 아이의 영문법 공부를 봐주기는 다소 까다로울 수 있다. 따라서 영어문법 만큼은 학원에서 개설하는 문법 마스터반을 수강하게 하거나, 인강을 듣도록 하는 것이 좋겠다. 하지만 다행스러운 것은 영어문법 공부는 한시적이라는 점이다. 즉, 어느 정도 완성이 되었으면 더 이상 공부할 필요가 없다.(영어문법학자가 아니라면.) 물론, 적절한 교재가 있으면 아이가 스스로 공부할 수 있다. 참고로 내가 집필한 〈문법훈련소〉시리즈가 있으니 참고해주시라.(미안하다. 책 광고다!)

- 혼자서 공부하기에 좋은 영문법서, 문법훈련소 시리즈

문법훈련소기초1

문법훈련소기초2

문법훈련소기본

cafe.naver.com/secretpond에서 무료 동영상 강좌를 볼 수 있다.

영어단어, vocabulary

영어단어를 관리하는 방법은 아래와 같이 두 가지 방법으로 나눌 수 있다.

1. 시중 영어 단어책의 활용
2. 자신만의 영어단어장 만들기

• 시중 영어 단어책의 활용

일단 적당한 '필수영단어'류의 책을 구입한다. 단어의 난이도가 적절하고 예문이 풍부한지를 확인해야 한다. 요즘 시중에 나오는 영어 단어책의 퀄리티는 대부분 괜찮은 것 같다.

책을 선정하였으면 언제까지 끝낼 것인지를 설정해야 한다. 그러면 하루에 외워야 하는 양이 나올 것이다. 그것을 거실공부 시간에 테스트하면 된다. 단, 단어암기는 거실공부 시간에 하지 않도록 지도해야 한다.(단어 암기는 자투리 시간을 활용하여 틈틈이 하도록 가르치자!)

• 자신만의 영어단어장을 만드는 방법

작은 노트(주로 A5 사이즈)를 사서, 독해를 할 때 나오는 모르는 단어를 정리하게 하고, 이 단어들을 외우게 하는 것이다. 물론, 독해에만 국한될 필요는 없다. 인터넷이나 영화를 보다가도 모르는 단어가 나오면 항상 정리하는 습관을 들여야 한다. 시중 영어 단어책을 사용하는 것 보다 더 효과적이고, 더 바람직하고, 더 경제적이라고 생각한다.

• **영어단어 테스트하기**

하루에 외워야 하는 단어 개수는 아이들과 상의해서 결정하도록 하자. 테스트 내용은 자연스럽게 복습이 될 수 있도록 아래와 같이 겹쳐서 시행한다.

1일	2일	3일	4일	5일	...
1장, 2장	2장, 3장	3장, 4장	4장, 5장	5장, 6장	

• **영어 단어 테스트 하는 방법**
1. 의미를 불러주면 영어단어로 쓰고, 정확한 발음으로 읽기
2. 영어단어를 읽어주면 영어로 쓰고, 뜻 말하기
3. 시험지로 테스트하기 - 시험지 유형 참조

시험지 유형 1

번호. 의미(품사)	영어단어 쓰기	발음 확인
1. 중요한(a)	*important*	☺
2. 연습하다, 운동하다(v)	*exercise*	☺
3. ···		

시험지 유형 2

번호. 영어단어(품사)	의미 쓰기	발음 확인
1. important(a)	중요한	☺
2. exercise(v)	운동하다, 연습하다	☺
3. ···		

학교시험 대비

학교시험은 중요하고 잘 쳐야 한다. 학교시험을 잘 쳐야 하는 이유가 성적 때문이기도 하지만,(물론 솔직히, 내 욕심은 여기에 있다는 것을 완전히 부인하지는 못하겠다. 아이의 학교 성적이 좋았으면 하는 것은 세상 모든 부모의 바람이자 욕심일 것이다.) 그것은 곧바로 성실성에 대한 척도이기 때문이다.(요즘 대두되고 있는 고입의 자기주도학습전형, 대입의 학생부종합전형이 이 부분을 본다!)

따라서 아이들이 학교시험에 최선을 다해서 준비하도록 충분히 도와주되 성적에 너무 집착해서는 안 된다. 집착이 되더라도 안 그런 척이라도 해야 한다. 거기에 집착하는 순간! 거실의 평화는 깨질 것이기 때문이다.

시험결과 보다는 시험대비 과정을 함께 하라

시험대비하는 과정을 아이와 함께 하는 것이 중요하다. 단, 학원에서처럼 붙들고 앉아서 하나하나 가르치라는 의미가 아니다. 시험공부 하는지 안 하는지 감시하라는 것 또한 아니다. 다만 시험공부 기간 동안 분위기를 조성해주고 같이 있어주라는 의미다.

시험기간이 되면 다음과 같은 공고문을 붙이고, 시험 기간에 돌입했음을 시각적으로 표시해주자.

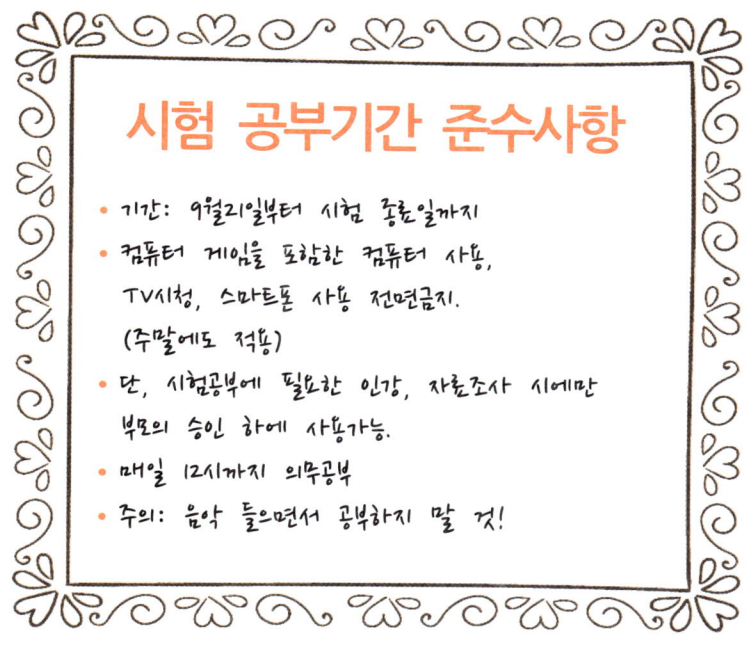

이 기간 동안에 시행되는 '컴퓨터 사용금지', '스마트폰 사용금지', 'TV 시청금지' 같은 규정은 부모에게도 똑같이 적용되어야 한다.

거실공부의 장점은 시험기간에 발휘된다. 〈데일리리뷰〉시스템을 꾸준히 운영하였다면 이미 주요과목은 그리 큰 부담이 되지 않을 것이기 때문이다.

시험대비가 다 되었다는 기준을 분명히 설정하라

다만 확실히 해야 할 것이 있다. 바로 '시험 준비가 다 된 기준'을 아이들에게 명확히 설정해 주어야 한다는 것이다. 이 기준이 없으면 아이들은 자기가 편한 대로 해석할 것이 분명하다. 책을 한 번 쓰윽 읽고 문제집 한 권 건성으로 푼 것으로 시험공부를 다했다고 할지도 모른다. 그러므로 시험공부를 완료했다는 기준을 아래와 같이 명시해주고 확인하도록 해야 한다.

1 교과서의 내용을 충분히 보았는가

교과서의 내용은 거의 암기하다시피 해야 한다. 교과서에 나오는 도표나 그림을 보지 않고 그릴 수 있어야 하며, 그 내용에 대해 설명할 수 있어야 한다. 또한 시험범위에 있는 내용을 자신의 말로 풀어서 설명할 수 있어야 하고, 중요한 내용은 암기가 확실히 되어 있어야 한다.

교과서 이외에 학교 선생님이 내준 배부자료, 수업 중에 쳤던 쪽지시험 또한 아주 중요한 시험대비 자료가 될 수 있으므로 빠뜨리지 말고 꼼꼼히 봐야 한다.

2 문제를 충분히 풀어보았는가

기본적으로 풀어야 할 문제들이 있다. 자습서의 문제들, 평가문제집의 문제들은 기본 중의 기본이다. 그 문제들을 다 풀었다고 자랑할 일이 아니다. 오답이 거의 발생하지 않도록 확인하고 점검해야 한다. 오답이 있는 경우에는 개념을 다시 확인해야 한다.

3 반복 또는 심화학습이 충분한가

1, 2번까지 했다고 해서 절대 시험공부를 다 한 것으로 생각하면 안 된다. 중요한 것은 이때부터다. 수학과 과학 일부 단원은 심화학습으로 들어가야 한다. 심화학습을 위해서는 심화문제, 즉 난도가 높은 문제를 풀어야 한다. 주로 학교에서 '백점방지용 문제'라고 불리는 것들을 풀 수 있어야 하기 때문이다. 심화단계의 문제집을 따로 사서 풀어보고, 오답을 반드시 확인하도록 하자.

나머지 과목은 반복으로 들어가야 한다. 적어도 3회는 반복해야 함을 명심하자.(다음에 설명할 〈샘플래너〉에서는 5회 반복을 완벽하다고 설정하였다.)

4 기출문제를 충분히 풀어보았는가

자신이 다니는 학교의 기출문제지를 구하여 풀어보는 것은 기본이며, 다른 학교의 기출문제까지 정복하여야 한다. 특히 내신 시험을 어렵게 내는 학교의 기출문제, 서울 강남지역 기출문제는 반드시 풀어보자. 설령 자신의 학교 시험에는 어려운 문제가 나오지 않는다 하더라도 그렇게 해야 한다. 결국에는 그런 아이들과 경쟁할 것이기 때문이다. 시험지를 구하는 가장 손쉬운 방법은 모 교육업체 사이트에 유료회원으로 가입해서 다운 받는 것이다.

그리고 기출지로 마무리할 때는 반드시 시간과 연계하자. 즉, 실제 시험처럼 시간에 제한을 두고 풀어야 한다. 이때에도 시간을 혹독하게 설정하는 것이 좋다. 즉, 원래 시험 시간이 40분이라면 훈련할 때는 20분만에 끝내는 연습을 해야 한다. 그렇게 해야 실전에서 떨지 않는다.

- **시험대비공부 완료의 기준**

점검항목		시험공부 달성율
교과서를 거의 암기하다시피 보았다. (배부자료 포함)		50%
자습서 내용을 확인하고 문제까지 다 풀었다.		80%
평가문항집의 문제를 다 풀었다.		100%
수학, 과학일부	심화학습	150%
일반 과목	반복(3~5회)	
기출지까지 다 풀었다. (기출지 한 장을 20분 안에 다 풀기)		200%

200%를 공부해야 실전에서 만점을 받을 수 있다!

잔소리 대신 양식을 주라

시험의 성패(成敗)는 주어진 시간 동안 얼마나 집중하고 관리하느냐에 달려 있다. 그러므로 부모는 아이가 좀 더 집중해서, 좀 더 체계적으로, 좀 더 열심히 공부 했으면 좋겠다고 생각하겠지만, 그것은 어디까지나 부모의 욕심일 뿐이다.

아이들은 부모만큼 그렇게 절실하지도 현명하지도 않으며, 집중하지도 못한다. 대부분의 아이들은 시험기간을 싫어하고, 결과가 어떻게 되든 상관없이 시험이 빨리 끝나기만을 바랄 뿐이다. 그럴수록 부모는 아이 없어하고, 열받아하고, 잔소리하게 되고, 결국 아이들과 싸우고 멀어진다.

사실 시험은 아이들이 스스로 감당해야 할 몫이다. 부모는 시험의 당사자가 아니다. 당사자가 아닌 사람이 나서서 이래라 저래라 해봤자 서로만 피곤해질 뿐이다. 아이가 자랄수록 그런 현상은 더욱 뚜렷해질 것이다.

대신 아이들에게 시험 대비를 잘 할 수 있는 도구를 주고, 그 도구를 확인하자. 아이에게 직접 잔소리를 퍼붓지 말고, 그 도구를 중심으로 이런 저런 의견을 나누는 것이 더 현명할 것이다.

〈셤플래너〉 활용하기

〈셤플래너〉는 내가 개발한 시험대비 종합 플래너다.(김샘교육의 이름으로 판매되고 있다.) 여기에 〈셤플래너〉를 통해 시험대비 계획을 세우는 것에 대해 설명하겠다.(굳이 〈셤플래너〉가 없더라도 부록으로 넣어둔 양식을 복사해서 사용해도 된다.) 〈셤플래너〉는 〈셤캘린더〉, 〈셤테이블〉, 〈셤데일리〉, 이렇게 세 가지의 섹션으로 구성되어 있다.

샘플래너 **샘캘린더**

일 11/16	월 11/17	화 11/18	수 11/19	목 11/20	금 11/21	토 11/22

일 11/23	월 11/24	화 11/25	수 11/26	목 11/27	금 11/28	토 11/29
국영수	국영수	국영수	국영수	국영수	국영수	국영수

일 11/30	월 12/1	화 12/2	수 12/3	목 12/4	금 12/5	토 12/6
사회 수학	사회 수학	사회 수학	과학 수학	과학 수학	과학 수학	국영수 사회 과학

일 12/7	월 12/8	화 12/9	수 12/10	목 12/11	금 12/12	토 12/13
국어 사회 국어 수학	국어 사회 수학	과학 사회 영어 수학	과학 사회 영어 미술	도덕 사회 기가 정보	도덕 사회 기가 음악	도덕 기가 수학 체육

일 12/14	월 12/15	화 12/16	수 12/17	목 /	금 /	토 /
사회총정리 정보총정리 음악총정리 수학기출지	도덕총정리 기가총정리 체육총정리 국어기출지	미술총정리 과학총정리 영어본문	시험끝!!			

학교시험일정

일시	시험과목
12/15(월)	수학, 사회, 정보, 음악
12/16(화)	국어, 도덕, 기가, 체육
12/17(수)	자습, 영어, 과학, 미술

〈셤캘린더〉는 시험정보와 시험대비 일정을 한 눈에 보며 관리할 수 있도록 설계되어 있다. 이 기간 동안에는 '거실공부'시간을 시험대비 공부에 할애해야 한다.

- **〈셤캘린더〉 작성방법**

〈학교시험일정〉란에 학교에서 발표한 시험일정을 적는다.
〈셤캘린더〉에 학교 시험일정을 기준으로 하여 시험공부 계획을 세운다.

샘플래너 샘테이블

*과목별 시험범위, 공부교재, 진행현황을 작성합니다. *수시로 체크하면서 시험대비현황을 점검합니다.

과목	시험범위	공부교재	달성도							목표
			1/3	2/3	1회	2회	3회	4회	완벽	
국어	P.68~151 P.174~211	교과서	○	○	○	○	○	○		100
		자습서	○	○	○					
		평가문제집	○							
영어	lesson 8~11	교과서	○	○	○	○				100
		자습서	○	○						
		평가문제집								
		프린트물								
수학	일차방정식~입체도형	교과서	○	○	○	○	○			90~
		평가문제집								
		학원교재								
		기출지								
과학	5~6단원	교과서/노트	○	○	○	○				90~
		자습서	○							
		평가문제집								
사회	8, 10, 13, 14단원	교과서/노트	○	○						100
		자습서								
		평가문제집								

• **〈셤테이블〉 작성방법**

〈셤테이블〉은 시험대비 현황과 목표를 실시간으로 관리할 수 있게 한다. 공부해야 하는 각 과목의 시험 범위와 시험 대비하는 교재를 한눈에 정리할 수 있다. 그리고 그 교재를 얼마나 공부했는지도 바로 표기할 수 있도록 하였다.

시험범위 : 과목별 시험범위를 적는다.
공부교재 : 시험공부에 사용되는 교재 이름을 적는다.
　　　　　예)교과서, 자습서, 문제집 등
목표 : 이번 시험의 목표 점수를 적는다.
달성도 : 시험 공부한 정도를 수시로 점검하며 표시한다.

　　　　1/3 → 해당 공부교재로 시험범위의 3분의 1 정도 공부하였음.

　　　　2/3 → 해당 공부교재로 시험범위의 3분의 2 정도 공부하였음.

　　　　1 → 해당 공부교재로 시험범위를 모두 공부하였음.

　　　　2 → 해당 공부교재로 시험범위를 두 번째 복습하였음.

　　　　3 → 해당 공부교재로 시험범위를 세 번째 복습하였음.

　　　　　⋮

섬플래너 섬데일리

12월 9일 (화)요일

공부계획

과목	공부할 내용	확인
과학	평가문제집 시험 전 범위	완료
사회	교과서 8, 10단원 교과서 정리	완료
영어	Lesson 7, 8, 9 본문 읽기	내일 하기로
수학	시험 범위 내 50 문제 풀이	완료

타임라인

시간	공부한 내용/한 일	누적공부시간
~	학교수업	
6:00~6:40	과학	40분
~7:30	저녁식사, 휴식	
~8:00	휴식	
~9:00	사회	1시간20분
~9:25	휴식	
~11:00	수학문제풀이	2시간55분

• 오늘 반성

영어를 계획한 대로 하지 못했다. 휴식 시간을 좀 더 줄여야 하겠다.
공부시간에 집중하자.
누적 공부시간을 적어도 4시간 채우자! 홧팅!

- **〈셤데일리〉 작성방법**

〈셤데일리〉는 시험기간 동안 매일의 공부 상황을 관리하는 양식이다.

공부계획 : 〈셤캘린더〉에 세웠던 공부 계획을 좀 더 구체적으로 적는다.

타임라인 : 그날 동안 실제로 실행한 내용을 빠짐없이 적는다. 이를 통하여 하루 동안 어떻게 시간을 보냈는지 알 수 있다. 〈데일리리뷰〉의 '타임라인'과 동일하다. 〈셤캘린더〉와 달라진 부분이 있다면(계획과 달라진 부분) 그에 대한 보완 일정도 세우도록 한다.

누적공부시간 : 실제 집중하여 공부한 시간만을 적는다.

〈셤캘린더〉는 '계획', 〈셤데일리〉는 '실행'이다. 서로 점검하면서 작성한다.

시험에 임하는 부모의 자세

시험대비기간 동안 급한 마음에 부모들의 입에서 잔소리가 작렬하기 시작한다. "이거 다했어?" "저거 다했어?"라고 묻기 시작하다가, 머뭇거리거나 딴전을 피우는 아이들 때문에 답답해 미친다.(그렇게 미쳐버리신 학부모를 종종 본다.)

그렇다고 모든 과목을 부모가 일일이 가르치고 봐줄 수는 없는 노릇이다. 또 그래서도 안 된다. 예전의 종합반 학원(입시학원) 스타일이 그랬을 것이다. 전 과목 다 봐주고, 시험 내용 요약한 자료 나누어 줘서 딸딸 외우게 하고, 학교 기출문제를 반복해서 풀린다. 당장은 성적이 잘 나올 수 있다. 대신 아이들은 공부의 주도권을 확실히 잃을 것이다. 그러므로 약간은 어설프고 답답하더라도 그냥 아이 스스로 하도록 내버려 두는 것이 장기적으로 볼 때 바람직하다.

최대한 아이 스스로 이겨낼 수 있도록 믿고 내버려 두라. 시험 결과로부터는 확실히 떨어져 있도록 하자. 신경도 쓰지 말자. 쉽지 않은 일이지만 어쩔 수 없다. 어차피 시험 준비를 하고, 시험을 치르고, 시험결과에 직면하는 것은 부모가 대신해 주지 못한다. 그래서도 안 된다. 그것은 온전히 아이들의 몫이고 인생이다. 그러니 지금부터라도 관심을 꺼두는 편이 좋을 것이다.

시험 대비를 축제처럼

대신 부모가 해 줄 수 있는 것이 있다. 시험대비 기간을 축제처럼 만들어주는 것이다. 학습효과는 지적인 능력도 중요하지만 감성적인 부분에도 많이 좌우된다. 즉, 기분이 좋으면 학습 능력이 좋아지고 반대로 스트레스를 받거나 기분이 나쁘면 학습 능력이 떨어진다.

시험대비 기간이 힘들고 짜증나는 기간이 아니라 오히려 신나는 기간이 될 수 있도록 해주라. 그러기 위해서는 일단 부모는 간섭과 잔소리를 그쳐야 한다. 아이들이 기분 좋은 상태에서 공부 할 수 있도록 환경과 분위기만 조성하고 뒤로 물러서 있어야 한다.

더욱 중요한 것은 시험대비 때 부모도 같이 동참해야 한다는 사실이다. 아이들 옆에서 같이 공부를 하거나 책을 읽자. 아이들은 거실에서 시험공부를 하고 있는데, 부모가 스마트폰이나 TV를 들여다보고 있어서는 안 된다.

그러다가 아이들이 도움을 요청할 때는 적극적으로 행동하자. 질문이 있을 경우에는 같이 찾아보고 토론하자. 물론 부모가 모든 질문에 대답해 주거나 직접 가르칠 필요는 없다. 다만 아이가 더 깊이 생각할 수 있도록 만들어주면 된다. 해답은 아이가 스스로 찾을 것이다.

대신, 구술 테스트는 한 번씩 해 보자. 아이들이 먼저 물어봐 달라고 하기도 한다. 건성으로 하지 말고 정성껏 해 주어라. 부모가 면접관이 되어 아이가 하는 설명을 듣고 적절히 질문함으로써 아이들로 하여금 무엇을 알고 무엇을 모르는지 확실히 깨닫도록 해주어라. 아이들은 어떤 부분을 다시 정리해야 할지를 느끼게 된다. 그렇게 되면 어떻게 이해하고, 어떻게 외우는 것이 가장 효과적인지를 '스스로' 터득하게 될 것이다.

시험기간 동안 집의 분위기는 조용하긴 한데 지적인 에너지가 넘쳐나야 한다. 간혹 치킨이나 피자, 짜장면 타임도 필요하다. 오히려 아이가 시험대비 기간을 기다릴 지도 모른다.

방학 기간 시간 관리

방학은 아이들이 너무 기대하고 고대하는 기간이지만 부모의 입장에서는 가장 난감한 시기이기도 하다. 맞벌이 하는 부부에게는 특히 그렇다. 부모가 없는 집에 아이들만 있으면(혼자일 경우에는 더욱) 불안하기 그지없다. 그러다보니 아이를 학원특강으로 내 몬다. 아이들은 방학일 때와 방학 아닐 때의 차이를 잘 모르겠다며 불만을 터뜨린다.

무조건 학원으로 돌리지 말고 아이들과 함께 계획표를 짜자. 아이들의 의견을 충분히 반영하고, 하루하루를 어떻게 보내야 할지를 같이 고민해 보는 것이다. 방학동안 달성해야 할 목표나 버킷리스트를 스스로 정하게 하고, 그것을 실천하기 위해서 시간 할당을 어떻게 해야 하는지에 대해 계획을 세워 보도록 한다.

방학에 대처하는 우리의 자세

아이들은 방학이 되면 방학만 보는 경향이 있다. 방학이 시작되면 모든 고난이 끝나고 행복만 가득할 것이라고 생각한다. 드디어 방학이 시작

된다. 말할 수 없는 행복감을 느낀다. 안타깝게도, 그 행복감은 길어봤자 사흘이다. 그러다 정신을 차리고 보면 순식간에 방학이 끝나있고, 다시 학교를 가야 한다는 현실 앞에서 인생의 쓴맛을 보게 된다. 우리 아이들에게, 이스라엘의 왕, 다윗이 반지에 새겼다던 문구가 필요할 지도 모른다.

"이 또한 지나가리라"

신나는 방학이든, 힘든 시험기간이든, 그 모든 시간은 거짓말처럼 모두 지나가 버린다는 교훈이다. 그러므로 방학에 대한 지나친 환상을 가지는 것은 옳지 않다. 차라리 방학은 학교 공부와는 다른 형태의 공부를 해야 하는 기간으로 생각하게 하는 편이 더 낫다.

방학을 가장 좋지 않게 보내는 두 가지 방법이 있다. 첫 번째 방법은 집에 틀어박힌 채 늦잠과 컴퓨터 게임, TV 시청으로 하루를 보내는 것이다. 폐인 되기 딱 좋은 방법이다. 두 번째는 지나치게 많은 학원수강과 학습량으로 번아웃burn-out되어 버리는 것이다.
지나치게 늘어지는 생활이 되지 않도록 적절한 규율을 유지 하되, 재충전할 수 있는 시간도 절대적으로 필요하다. 책상 앞에 앉아서 하는 전통적인 의미의 공부와 동시에, 그와는 다른, 다양한 형태의 공부가 조화를 이룰 수 있도록 해야 한다.

너무 많은 학원 특강은 독이다

아이가 집에서 노는 꼴을 못 보는 부모나, 맞벌이 부모는 학원 특강을 생각하게 된다. 학원도 방학 시즌이 되면 대대적인 마케팅과 홍보를 통해 방학특강을 듣도록 권유한다. 다니는 학원이 있다면 아마 상담전화가 오기도 할 것이다.

"어머님, 방학 동안에 바짝 당겨야 합니다. 이런 과목, 이런 과정은 반드시 들어야 합니다."

경험 많고 노련한 학원 강사의 '특강 권유 상담'에 초연할 수 있는 학부모는 그리 많지 않다. 이때 학원 강사는 학부모의 불안 심리를 교묘히 건드릴 것이다. "만약 당신의 아이가 이 훌륭한 강의를 듣지 않는다면, 저 멀리 앞서 나간 반 친구들과의 격차가 더 벌어질 것"이라고 강조할 것이다. 이때 부모가 아이의 학습상황에 대해 잘 모르면 학원강사가 하자는 대로 하게 된다.

반대로, 부모가 '거실공부'를 학기 중에 꾸준히 운영하였다면 이러한 권유에 능동적으로 대처할 수 있다. 왜냐하면 학원 선생님 못지않게 부모도 아이의 학습 상황에 대해 훤히 꿰고 있을 것이기 때문이다.

면밀한 상담 후에 진짜 필요하다고 판단되면 아이와 상의하여 수강하게 하고, 그럴 필요가 없으면 단호히 거절하면 된다. 아이 학습에 대한 전체 로드맵과 주도권을 부모가 쥐고 있다면 가능하다. 학원 강사나 원장의 말은 그저 참고로만 활용하라.

생각 없이 놀리면 확실히 망한다

그렇다고 방학 동안 완전히 놀리면 확실히 망한다. 심한 경우에는 자신이 학생 신분이란 것을 망각하기도 한다. 방학이 끝날 때 즈음해서는 극심한 우울증에 시달릴지도 모른다.

그러므로 방학 동안 재충전의 시간과 동시에 적절한 긴장감을 유지할 수 있는 장치도 필요하다. 너무 숨이 막혀도 안 되고 너무 느슨해도 안 된다.

장기적인 관점에서 방학계획을 세우라

또 방학 학습 계획을 세울 때 유의할 것은 방학 하나 하나를 떼어서 계획을 잡을 것이 아니라, 장기적인 관점에서 계획을 수립해야 한다는 것이다. 그러기 위해서는 진로 및 진학에 대한 큰 그림이 먼저 있어야 한다. 그리고 그 목적을 이루기 위해서 필요한 공부(과목)와 공부량을 정한다. 그것을 학기와 학기, 학년과 학년에 적절히 분배하는 것이다. 하나의 방학계획은 퍼즐조각이며, 이것들이 모두 모이면 하나의 큰 그림으로 조화될 수 있도록 구성해야 한다.

'방학과 학기를 연계하는 학습계획표'를 참고하여 계획을 세워보면 좋겠다.

학기와 방학을 연계하는 장기적 학습계획표

학년	1학기	여름방학	2학기	겨울방학
초3				
초4				
초5	필독서 리스닝	영어책 필독서 리스닝	영어책 필독서 리스닝	영어책 필독서 리스닝
초6	필독서(한국사관련) 리스닝/딕테이션	수학:중1-1 영문법총정리 영어독해	필독서(한국사관련) 리스닝/딕테이션	수학:중1-2 영문법총정리 영어독해
중1	리스닝/딕테이션	영어독해 수학2-1 기본영문법	자유학기제 수학2-2 영어회화	영어독해 수학3-1 영어회화
중2	영어독해 TEPS	영어독해 수학3-2 TEPS	영어독해 수학 중3 심화 TEPS	영어독해 수학 중3 심화 TEPS
중3	고등수학 영어수능기출 리스닝	고등수학 영어수능기출 리스닝	수학1 영어수능기출 리스닝	수학2, 미적분 영어수능기출 리스닝
고1	고등학교일정기반→			
고2				
고3				

스스로숙제의 양을 늘리고 목표를 설정하라

타의로 하는 특강 대신 스스로숙제의 분량을 재설정하도록 하자. 방학 동안 달성해야 할 분량을 설정하면 하루에 어느 정도의 양을 해야 할지가 나올 것이다. 아이와 충분히 상의해서 결정해야 한다. 물론 '방학'의 사전적인 의미대로 학업활동을 잠시 내려놓고, 다른 활동이나 여행을 할 수 있으면 좋겠지만 학년이 올라갈수록 현실적이지 못함을 느낄 것이다. 따라서 방학의 중요성을 가르치고 목표를 스스로 세워 실천할 수 있도록 도와주어야 한다.

- **방학 미션**

다음 학기 수학문제집 심화레벨 2권 떼기
〈문법훈련소〉 기본 2번 보기
해리포터 원서로 읽고, 단어장 만들어서 외우기
책 4권 읽고 독후감 쓰기
주요 문화유적지 답사하고 리포트 쓰기

국영수 위주의 기초적인 학습 역량을 기를 수 있는 과목과 함께, 학기 중에는 할 수 없었던 활동을 중심으로 방학 동안 달성할 목표를 설정하고 아이 스스로 체크하며 진행해 나갈 수 있도록 해 주어야 한다.

〈방학미션〉을 설정해 주고 그것을 클리어clear(임무완수) 했을 때의 보상을 걸어두는 것도 재미있을 것이다. 그 미션을 달성했는지에 대해서, 그리고 그 미션을 달성했을 때의 보상에 관해서는 아이들과 논의해서 결정하면 된다.

〈방학플래너〉의 작성과 활용

우리가 어릴 때 만들었던 동그라미 모양의 방학계획표는 사실, 만들었다는 정도의 가치 밖에 없다. 이유는 요일마다 학습 스케줄이 다를 것이기 때문이다. 〈방학플래너〉를 활용하면 더욱 효과적이고도 체계적인 방학 시간 관리를 할 수 있다.

〈방학플래너〉는 〈방학위클리〉, 〈방학미션〉, 〈방학데일리〉로 구성되어 있다. 〈방학위클리〉는 〈위클리플랜〉을 응용한 주간 단위 방학 계획표이다. 〈방학미션〉은 방학 동안 해야 할 일의 목록과 그 성취도를 점검할 수 있도록 하였다. 〈방학데일리〉는 방학 하루 하루를 점검하고 반성하는 양식이다.

방학 플래너 방학위클리

중1학년 겨울 방학

시간	월	화	수	목	금	토	일
9:00	식사등	식사등	식사등	식사등	식사등	식사등	식사등
10:00	영어독해	영어독해	영어독해	영어독해	영어독해	게임	교회
11:00	영어문법	영어문법	영어문법	영어문법	영어문법	게임	교회
12:00	자유	자유	자유	자유	자유	게임	자유
13:00	점심	점심	점심	점심	점심	게임	↓
14:00	자유	자유	자유	자유	자유	자유	
15:00	자유	자유	자유	자유	자유	↓	
16:00	수학학원	자유	자유	수학학원	자유		
17:00	수학학원	자유	자유	수학학원	자유		
18:00	수학학원	자유	자유	수학학원	자유		
19:00	저녁	저녁	특강	저녁	저녁		
20:00	영어단어	영어단어	특강	영어단어	영어단어		
21:00	라디오영어	라디오영어	특강	라디오영어	라디오영어		
22:00	수학공부	수학공부	특강	수학공부	수학공부		
23:00	수학공부	수학공부	자유	수학공부	수학공부		
24:00	취침	취침	취침	취침	취침	취침	취침

※자유시간: 독서, 학원숙제, 방학숙제, 외출, 게임은 안 됨

방학플래너 **방학미션**

항목	달성도				
	1주 ■■■■■■■	2주 ■■■■■■■	3주 ▫▫▫▫▫▫	4주 ▫▫▫▫▫▫	5주 ▫▫▫▫▫
수학문제집 ①	12P	25P	29P	33P	
수학문제집 ②	-	-	5P	12P	
문법훈련소기본	ch.4	ch.8	ch.12	ch.16	
해리포터영문 ①	30P	48P	55P	62P	
독서-코스모스	110P	180P	250P	320P	
독서-모모					
독서-7막7장					
독서-어린나귀요세프					
학교방학숙제 ①	완료				
학교방학숙제 ②		완료			
학교방학숙제 ③					
학교방학숙제 ④					
학교방학숙제 ⑤					
합천해인사					
경주국립박물관					

방학시작일 12월 28일 - 개학일 2월 4일

방 학 플 래 너 **방학데일리**   1 월 5 일 목 요일

오늘 미션

과목	공부할 내용	확인
해리포터	P.30~40	
문법훈련820권2	동명사, t0백정사	
독서	코스모스	
EBS라디오		
수학문제집①		

타임라인

시간	공부한 내용/한 일	누적공부시간
10:30~11:30	해리포터 독해	60분
~12:00	휴식, 12피 아들	
~12:50	문법훈련820	110분
~	점심	
오후4:00~	학원, 학원, 학원	
8:05~9:00	독서	
~10:00	수학	170분
~10:40	EBS라디오 덕테이15전	210분
~11:00	휴식	
~12:00	수학	270분

오늘 반성

음.. 하루 공부시간이 너무 적음. 반성하자!
계획한대로 재까자!

주말 프로그램

방학 중이든, 학기 중이든 주말이라는 시간은 아이들과 더욱 다채로운 체험을 하기에 좋은 시간이다. 월요일부터 금요일까지 주어진 계획표대로 진행했다면 토요일부터 일요일 저녁까지는 모든 것을 아이들한테 일임한다. 즉, 완전한 자유를 부여하는 것이다. 물론 금지 조항은 있다.

시간 제한이 없는 컴퓨터 게임, 스마트폰 게임
남에게 피해를 입히는 행위
자신에게 위험을 초래할 수 있는 행위

위 세 가지 항목에 위배되지 않으면 어떠한 것도 가능하다. TV무한 시청도 가능하도록 했다.(그런데도 잘 보지 않는다. TV 안 보는 습관이 들었나보다.) 주말에는 가급적 그렇게 널브러져 있게 놔두는 것이 좋다. 평일의 성실한 노력과 '열공'에 대한 보상이라고 생각해도 되지만, 그보다는 '리듬' 때문이다. 주중을 타이트한 일정으로 빡빡하게 보냈다면 주말 1박 2일 동안에는 몸과 마음을 이완하는 법을 터득하는 것도 대단히 중요하기 때문이다. 아이들 스스로 '긴장'과 '이완'을 적절히 조정해서 절대로 육체적으로나 정신적으로 방전되지 않도록 해야 한다.

그런 꿀 같은 시간은 일요일 저녁 8시에 끝이 난다. 그 시간 이후부터는 다시 학습모드로 돌입해야 한다. 일요일 저녁 늦게까지 TV를 보게 되면 사람이 우울해지고 피폐해지는 경향이 있음을 몸소 체험했기 때문이다.(일요일 개그콘서트를 본방 사수 하는 것은 그야말로 쥐약이다.) 물론 주말 가족 프로그램을 최대한 많이 만들어 TV시청으로 주말을 보내는 경우를 최소화해야 한다. 아래는 바로 시도해 볼 만한 주말 프로그램의 사례이니 아이들과 함께 해보자.

• **바로 해볼 수 있는 주말 프로그램(예시)**
수영 : 매주 토요일 아침에 근처 수영장에서 수영하기(이것은 의무적으로 해야 하는 종목이다.)
캐치볼 또는 간이야구
박물관, 미술관 견학 : 인근에 있는 박물관, 미술관 관람. 특별 전시가 있으면 꼭 가본다.
영화관람 : 아이들이 제일 좋아한다. 영화 선정이 매우 중요. 인터넷 등을 통해 사전에 내용을 꼼꼼히 검토해서 애들이 보는 데 무리가 없는 지 파악해야 한다.
집에서 치킨 먹으며 DVD 보기 : '영어 자막으로 보기'나 '자막 없이 보기' 등을 미션으로 걸고, 배달되는 음식의 퀄리티를 조정한다.(떡볶이 → 치킨 → 피자)
등산 : 그리 높지 않은 산으로 하이킹하기. 아이들이 제일 싫어하기 때문에 인센티브를 걸어야 한다.
자전거 또는 인라인 : 인근에 안전한 자전거 로드가 있을 경우에만. 헬멧 착용은 필수다.
사진 찍기 미션 : DSLR, 디지털 카메라, 스마트폰 카메라 중에서 게임을 통해 선정한다. 사진을 찍은 후 품평회 및 설명회를 가진다. 우수작도 선발해서 상품을 수여한다.

풍경화 그리기 투어 : 스케치북과 간단한 그리기 도구, 도시락을 챙겨서 가까운 산이나 강, 계곡을 돌아다니며 그림을 그린다.

서점 나들이 : 지역에서 가장 큰 서점에서 시간 보내기. 갈 때마다 책 두 권씩은 사준다.(만화책도 허용)

유적지 탐방 : 유홍준 교수의 <나의 문화유산 답사기>시리즈에 소개된 유적지를 선정하여 미리 공부하고 탐방. 보고서는 반드시 써야 한다.

시작은 했는데, 더 큰 문제가 발생했다고?
그래도 안 해본 것 보다는 낫다.
문제가 있으면 해결하면 되는 법!

몇 가지 오해들

거실공부를 할 상황이 아니다

부모가, 특히 아빠가 물리적으로 아이들 교육에 함께 하지 못하는 경우가 있을 수 있다. 이 책을 진행하면서 가장 마음이 좋지 않은 부분이기도 하다. 혹은 "당신이야 운이 좋아서 아이들 가르칠 만한 시간이나 능력이 되니 거실공부 같은 게 가능하겠지."라고 타박할 사람도 있을 것이다. 물론 그럴 수 있다. 부모의 근무여건이 그러지 못해서, 물리적으로 아이들과 함께 해 줄 수 없는 상황이라서, 혹은 부모 중 한 사람이 아예 부재(不在)한 상태라 거실공부 운영이 힘들 수 있다. 여의치 않을 경우 학원도 보내야 한다. 이해한다.

하지만 아무리 그렇더라도 아이들 교육의 중심에 부모가 존재해야 한다는 것은 양보할 수 없다. 각각의 처한 상황이 여의치 않다는 것을 핑계로 교육의 주도권을 놓아버리지 않도록 하자는 것이다. 그 어려운 상황을 어떻게 하든지 극복하고자 하는 열정이 필요하다는 말이다.

최효찬의 〈5백년 명문가의 자녀교육〉에서는 부모, 특히 아버지에 의해 이루어지는 자녀교육이 얼마나 중요한지를 우리나라의 내로라하는 명문가의 사례를 들어서 설명해 주고 있다. 특히, 임진왜란 전후의 혼란기에 영의정을 비롯한 최고위 공직을 지낸 서애 류성룡(1542~1607)의 자녀 교육 방법이 인상적이었는데, 그는 그 바쁜 와중에도 자녀들에게 편지를 보내며 학문을 점검하고 독려하고 질책했다고 한다.

자, 우리의 무지 바쁘신 아빠들께 묻는다. 전쟁 상황에 처해 있으신가? 한 나라의 총리가 하는 일과 비슷한 양의 일을 하고 계신가? 자동차와 휴대폰이 없으신가? 이 모든 질문에 '예'라고 대답을 하셨다면, 바쁘기 때문에 아이들 교육을 못한다는 이유를 진심으로 받아들이겠다.

고재학의 〈부모라면 유대인처럼〉에서도 우리나라 선조들의 교육만큼이나 철저한 유대인들의 자녀교육 방법이 나온다. 유대인 아빠들은 아이들의 진정한 스승이다. 자녀가 성인식을 치르기 전까지 학교교육과는 별도로 역사와 율법, 도덕을 '직접' 가르친다고 한다. 이를 통해 아이들의 지적 호기심을 자극하고 동기 부여를 한다. 특히 매주 금요일 일몰부터 토요일 일몰까지 지키는 안식일에는 텔레비전 시청은 물론 운전까지 금하고 '철저히 집에 머물며' 독서와 토론으로 하루를 보낸다.

유대인의 교육이 철저한 가정 중심이라는 점에서 학교, 학원 중심인 우리나라의 교육과 비교된다. 노벨상 수상자의 5분의 1이, 미국 아이비리그 학생들의 4분의 1이, 미국 억만장자의 5분의 2가 유대인이다. 철저하고도 건강한 가정교육 덕분이라는 추론이 가능하다.

다행히 현대 문명의 이기(利器)는 과거보다 아이들과의 의사소통을 더 쉽게 할 수 있도록 발전했다. 거실공부를 운영할 상황이 아니라 할지라도 그 대안(代案)은 얼마든지 있다는 의미다.

학원은 절대 보내지 않는다

학원을 보내지 말라는 것이 아니다. 필요한 경우에는 학원을 보내야 한다. 특히, 지금처럼 아이들의 진로 및 진학에 대해 전략적일 필요가 있을 경우에는 전문학원의 도움은 어느 정도 필요하다고 생각한다. 다만, 학원에만 던져놓지 말라는 것이다. 아무리 유명하고 믿을 만한 학원이라도 확인하고 점검해 보아야 한다. 같은 학원이라도 강사에 따라 강의 수준에 있어서 차이가 나기 때문이다. 학원에서 무엇을 배우고 있는지를 손금 보듯 알아야 뒤통수를 맞지 않는다.

특히 아이들에게 항상 강조해야 하는 사실이 있다. 학원수강 자체가 공부가 아니라는 것이다. 학원 마치고 난 다음 스스로 정리하는 것이 진짜 공부임을 명심하게 해야 한다. 〈데일리리뷰〉를 통해 항상 정리하고 복습하는 습관을 들이도록 한다.

모든 것을 가르친다

'거실공부'를 시작할 때 가장 큰 두려움은 부모가 모든 것을 가르칠 수 있을까 하는 걱정이다. 결론은 그럴 수 없다는 것이고, 그래서도 안 된다. 단지, 부모가 가지고 있는 식견으로 아이들을 이끌고 코치하는 것으로 족하다. 부모는 시간이 흐를수록 아이들의 공부에서 점점 빠져 주어야 하는 것이 거실공부의 핵심이다. 아이들이 스스로 책을 읽고, 스스로 정리하고, 스스로 복습하는 것이 습관으로 정착될 동안만 같이 해 주면 그것으로도 충분하다.

사사건건 간섭한다

거실공부가 아이들의 일거수일투족을 사사건건 간섭하고 통제하는 수단이 되어서는 안 된다. 절대 안 된다. 십중팔구 아이들은 부모를 숨막혀 할 것이다. 부모를 벌레 보듯 피해 다닐 것이 분명하다. 학교에서도 공부, 학원에서도 공부, 집에서도 공부 타령이면 나라도 싫겠다.

오히려 '거실공부'의 목적은 아이들을 풀어놓을 때 확실히 풀어 놓기 위한 것이다. 아이들이 해야 하는 가장 핵심적인 부분만을 건드리고, 그 나머지는 일체의 간섭을 하지 않기 위해서다. 그런데 핵심이 무엇인지 모르니까, 그것을 확인하지 못하고, 그러니 괜히 불안해져서 다른 필요 없는 것들에 간섭하고 참견하게 되는 것이다.

좋은 부모란 핵심만 건드리고 나머지는 아이들의 자율에 맡겨 놓는 부모이다. 서툰 부모일수록 사사건건 간섭한다.

다른 교육을 무시한다

공교육이든 사교육이든, 모든 교육에는 가치가 있고, 그 나름대로의 목적성이 분명하다는 것을 명심하자. 거실공부를 하더라도 필요할 때는 유연하게 대처하고 도움을 구할 수 있어야 한다. 거실공부는 홈스쿨링이 아니기 때문이다.

공교육과 사교육 모두 여러 문제가 있기는 하지만, 이 두 교육의 축을 불신하거나 무시해버리면 우리 아이들의 교육이 제대로 이루어지지 않을 것이다. 특히 우리나라에서는 그렇다. 이 두 교육을 존중하고 적절히 이용해야 한다. 지금의 현실로는 그 어느 것도 소홀히 할 수가 없다. 공교육, 불만이 많지만 그래도 너무 너무 중요하다. 사교육, 부분적이긴 하지만 절대적으로 필요하다. 다른 교육을 철저히 존중하고 동시에 철저히 이용하라. 중요한 것은 공교육이니 사교육이니, 어느 것이 중요하다느니, 쓸데 있느니 없느니 하는 논쟁이 아니라 아이가 건강하고 행복하게 성장하는 것이다.

언제까지 해야 하나

먼저 거실공부의 목적이 무엇인가를 돌이켜 보아야 한다. 부모는 아이들과 영원히 같이 있을 수 없다. 먼저 떠나야 한다. 그 전에 아이들이 스스로 용감히 세상에 맞설 수 있도록 부모가 가지고 있는 모든 지식과 지혜, 삶의 노하우들을 전수하는 것이 거실 공부의 목적이다. 그리고 그 가르침이 다 되었으면 과감히 '하산'시켜야 한다.

다시 말해 거실공부의 목적은 '소멸'에 있다. 아이가 습관이 들어서 스스로의 역량으로 공부를 충분히 할 수 있다면 굳이 '거실공부'를 부모가 주도할 필요는 없다. 아이 스스로 거실공부를 할 수 있도록 '거실환경'만을 조성하고 관리해 주면 된다. 이러한 경지에 오르면 시간 설정도 필요 없을지 모른다. 그저 거실에서 각자 할 일만 하면 되는 것이다. 그 기점이 되는 시기가 중2 후반에서 중3 초반이라고 생각한다.

시행착오 극복하기

거실공부를 하다보면 당장 몇 가지, 혹은 아주 여러 가지의 문제점이 기다리고 있을 것이다. 환영한다. 투덜거리지 말고 고민하고 해결해야 한다.

잘 지켜지지 않는다

대부분의 경우는 이 문제다. 부모가 큰마음 먹고 시작하지만 잘 지켜지지 않고 계획대로 진행되지 않는다. 부모의 일은 더 바빠지고 아이들은 따로 할 것이 많다며 요리조리 빠져 나갈 것이다. 이때 필요한 것은 아빠의 곰 같은 우직함이다. 아이들의 어려운 점은 다 이해하되 원칙대로 밀고 나가라. 하기로 한 공부는 새벽 두시가 됐든 세시가 됐든 다 하게 하라. 처음에는 그렇게 해야 한다. 그러면 아이들은 장난이 아니라고 생각하게 될 것이고, 스스로 시간을 관리하려 할 것이다.

자꾸 소리를 지르게 된다

훈련되지 않은 부모가 '거실공부'를 진행하게 되면 십중팔구 소리를 지르게 된다. 소리를 지르지 않기 위해서는 아주 철저히 훈련해야 하고 수양해야 한다. 아무리 답답하고 아무리 마음에 안 들어도 소리를 질러서는 안 된다. 야단할 일이 있으면 차분하되 따끔하게 혼을 내고 무엇이 잘못되었는지 차근차근 설명을 해 주어라. 아무리 노력해도 자꾸 소리를 지르게 된다면 어쩔 수 없다. 거실공부는 포기하는 것이 좋다. 아이들과의 관계가 아예 절단날 수 있기 때문이다.

잔소리만 느는 것 같다

이 또한 마찬가지다. 훈련되지 않았을 때는 계속 잔소리만 늘어난다. 거실에서 잔소리가 난무하면 아이들은 숨이 막힐 것이다. 잔소리를 시스템이 대신하도록 만들어야 한다.
"이거 했어?" "저거 했어?"라고 묻지 말고, 벽에다 오늘 해야 할 목록을 붙여놓고 다 했으면 스티커를 붙이게 하거나, '참잘했어요-도장'을 찍어주라. 안 되어있으면 그냥 건조하게 "이제 ~할 시간이야."라고만 말하라. 불필요하고 듣기 싫은 잔소리를 늘어놓지 마라. 아무 소용이 없다.

확인하는 것이 간섭처럼 느껴진다

분명히 말하지만 확인해야 한다. 처음부터 하나하나 확인하고 점검해야 한다. 확인하지 않는 이유는 아이들을 믿어서가 아니라 귀찮기 때문이다. 꼼꼼히 묻고 확인해야 한다. 그것은 절대 간섭이 아니다. 확인하지 않으면 대부분의 아이들은 부모를 속인다. 자기관리가 철저한 외계인 같은 소수의 아이들을 제외한 대다수의 아이들은 그렇다. 단언컨대, 우리의 귀염둥이, 평범한 아이들은 확인하지 않으면 속인다. 어른들조차도 그러한데 하물며 아이들이야 오죽하겠는가. 그러므로 처음부터 아예 속일 구석이 없도록 철저히 확인해야 한다.

문제는 확인하는 과정이 일관되지 못하고, 불규칙할 때이다. 부모가 확인을 잘 하지 않거나, '오케이' 하는 기준이 일정하지 않으면 아이들은 잠시 혼란을 느끼다가, 요령을 피우게 된다. 쉽게 말해 부모의 눈을 속인다는 의미다. 그리고 그 속인 것이 들통 났을 때는 자신의 잘못은 생각하지 않고 운이 없다거나, 부모의 처사가 부당하다고 생각하게 되는 것이다. 그러므로 부모들은 아이들이 숙제를 다 했는지, 주어진 과제를 다 했는지, 확연히 드러날 수 있도록 시스템을 만들어 주어야 한다.

아이들을 신뢰하고 사랑하고 믿어라. 하지만 확인은 하라. 아이들과의 신뢰를 구축하는 가장 확실한 방법은 끊임없이 확인하고 또 확인하는 것이다.

아이들이 너무 바쁘다

아이들의 스케줄이 너무 바빠서 거실공부를 운영할 시간이 없을 수 있다. 이런 경우에는 아이가 수강하는 학원의 개수를 점검해 보아야 한다. 특별한 목적 없이 남들 가니까 다니는 학원, 친구 때문에 가는 학원, 심리적 위안으로 다니는 학원은 모조리 정리해야 한다.
일주일 중에 단 이틀도 '거실공부'를 할 시간이 없다면 그것은 절대 바람직한 상황이 아니다. 아이들이 숨 쉴 시간 정도는 있어야 한다.

거실이 학원 같아진다

거실공부를 하게 되면 거실 분위기가 학원 같아질 것이다. 커다란 탁자와 화이트보드가 있고, 탁자 위에는 책이 수북이 쌓여있고, 벽 여기저기에 포스트잇이나 학습계획표, 학원에서나 봄직한 '준수사항', 심지어 '시험대비기간'이라고 적힌 현수막까지 붙어 있을 지도 모른다.
개인적으로는 싫을 수도 있다. 집이 완전히 깔끔하고 깨끗해야 직성이 풀리는 사람도 있을 테니까 말이다. 하지만 나는 공부를 하는 아이들이 있는 집이라면 지극히 정상이라고 생각한다. 집이 학원 같아졌다면 오히려 감사할 일이다. 거실공부가 제대로 되어간다는 증거다.

좋은 점들, 미처 기대하지 않았던

아이들을 공부시키려고 시작했던 '거실공부'는 오히려 아이들이 아닌 부모인 나 스스로를 반성하게 했고, 스스로가 변해야 한다는 깨달음을 주었다. 그리고 거실공부의 기대하지 않았던 사이드 이펙트! 상상도 못 했던 현상들이 봄의 아지랑이처럼 피어오르기 시작하였다.

아이들의 말문이 트인다

변화는 아이들로부터 먼저 나왔다. 시크하고 무뚝뚝한 첫째의 말문이 트이기 시작한 것이다. 먼저 나에게 말을 걸고 오늘 학교에서 있었던 일, 수업하면서 어려웠던 점, 그리고 이해되지 않은 내용을 먼저 질문하기 시작했다. 첫째가 공부하다말고 대뜸 이런다.

"아빠, 요즘 2학년 언니들이 없어서 너무 좋아."
"왜? 2학년 언니들이 어디 갔는데?"
"수학여행 갔거든."

"아, 그렇구나. 그런데 2학년 언니들이 무섭게 하는가 보구나."
"응, 좀 그래. 그런데 없으니 너무 홀가분해."
"나도 옛날에 1년 선배들이 제일 무서웠지."
"하하, 아빠도 그랬어?"

그러면서 아이들과의 대화는 이어졌다. 대화는 그런 것이다. 대화는 구체적으로 들어가야 한다. 아이들과의 대화에 익숙하지 않은 아빠들은 늘 이렇게 시작한다.

"공부 잘 하지?"
"뭐 필요한 것 없니?"
"이번에 몇 등 했어?"

그 질문에 아이들은 다음과 같은 대답으로 아빠의 입을 막아버릴 것이다.

"응, 잘해.(혹은 묻지 마.)"
"용돈.(혹은 스마트폰)"
"몰라.(혹은 묻지 마.)"

그리곤 또 말이 없어져 버린다. 대화를 위한 대화가 되어서는 안 된다.

집안에 퍼지는 열공 분위기

가장 좋은 것은 집안에 독버섯(?)처럼 퍼지는 열공 분위기라는 것이다. 이것은 아이들의 학교 성적이 좋고 나쁘고를 떠난 개념이다. 집안 분위기가 차분해지다 못해 엄숙해진다. 그러니 부부끼리도 말을 함부로 못한다. 서로 존중해주어야 한다. 너무 삭막하다 싶어서 좀 느슨하게 만들 필요가 있을 정도이다. 이때는 조용한 음악을 틀어놓거나 영화 보기를 제안하면 된다. 문자 울렁증이 있었던 아내조차 지금은 나보다 책을 더 많이 읽고 있는 중이다.

어려운 수학 문제를 두고 화이트보드 앞에서 같이 고민하고, 광해군의 역사적 평가에 대해 토론하고, 3인칭 관찰자 시점과 전지적 작가 시점의 차이에 대해 설명하고, 우주의 넓이와 소립자의 크기에 대해 상상하며, 베르나르 베르베르Bernard Werber, 파울로 코엘료Paulo Coelho, 이문열, JK롤링Joan K. Rowling, 김훈 작가들을 비평하는 모습들이 거실의 자연스러운 풍경이 되어야 한다.

사교육 지출이 준다

나는 사교육을 거부하지 않는다. 목적이 분명한 사교육은 필요하다고 본다. 물론 부작용이 없는 것은 아니다. 그럼에도 불구하고 사교육은 공교육과 함께 우리나라 교육의 중요한 축이 되었으며, 세계 최고 수준의 학력을 유지하는데 일정 부분 공헌 하였다. 그러므로 일부 시민단체의 무조건적인 사교육 반대운동은 불합리하며 현실적이지 못하다고 생각한다.

하지만 불안 심리에 의한, '남들 다 하니까 주의'에 근거한 사교육은 당연히 거부한다. 사교육은 사교육을 불러일으키며 심각한 중독성이 있기 때문이다. 거실공부는 그러한 적절하지 못한 사교육을 과감히 끊게 한다. 아이들의 교육에 대한 혜안을 제공하기 때문에 아주 필수적인 사교육만 유지하게 한다. 그러므로 사교육 지출을 획기적으로 줄일 수 있다.

포기되었던 아빠의 시간이 행복으로 채워진다

그랬다. 그것은 분명 지극한 행복감이었다. 주말을 제외한 매일 밤 9시부터 11시까지(혹은 12시까지) 나는, '거실공부'를 진행해야 하는 덤블도어 교수(해리포터 시리즈에 나오는 호그와트 마법학교 교장)이다. 따라서 퇴근하는 즉시 서둘러 귀가해야 한다. 어떤 날은 피곤에 찌들어 눈이 저절로 감기는 날도 있었다. 그럴 때는 소파에서 잠깐 눈을 붙인다. 하지만 거실공부를 시작할 시간이 되면 쇳덩이 같은 몸을 억지로 일으켜서 거실공부를 시작한다. 야근이나 출장이 잡히면 어쩔 수 없지만, 그때는 전화나 문자로 아이들에게 해야 할 것을 상기시켜준다. 어떻게 보면 '극성'처럼 보일 수도 있다.

공식적인 일정이 아니면 되도록 약속을 잡지 않았다. 그러니 내가 좋아하는 것을 조금 포기해야 했고, 만나야 할 사람을 선별해야 했다. 혼자 책 읽고 글 쓰고 영화 보는 시간이 줄어들 수밖에 없었다. 처음에는 희생이라고 생각했다. 그러나 내 삶의 중심에 아이들이 있고, 가장 중요한 가치가 된 지금, 그것은 희생이 아니라 축복이었다. 내가 포기했던 시간의 빈 공간을 행복이라는 이름의 아이들로 가득 채우고 있었던 것이다. 가슴 벅찬 아이러니가 아닐 수 없다.

아이들이 부모를 존경한다

건강하고 행복한 거실공부를 꾸준히 운영하고 있는 부모라면 아이들과의 관계가 피상적이지 않다. 지적으로 영적으로 감성적으로 연결된다. 아이가 무엇을 힘들어하는지 본능적으로 알게 된다. 아이들은 스승을 존경할 때 가지게 되는 마음을 부모를 향해서도 가질 수 있게 되는 것이다. 가족이니까 그냥 어쩔 수 없이 사는 것이 아니라, 진정으로 존경하고 진정으로 교류할 수 있게 한다. 그것은 유태인도, 우리의 성현들도 이루어냈던 가정교육의 가장 바람직한 현상이었다. 급속한 산업사회로 인해 소외되고 거절되었던 우리 아빠들의 권위, 부모를 향한 존경심이 회복된다는 것은 단순히 가정교육 하나 잘해서 아이들을 좋은 학교에 보내자는 차원에서 머무르지 않는다. 그렇게 회복되고 건강하게 유지되는 가정은 지역 사회뿐만 아니라 온 나라를 튼튼히 할 것이기 때문이다.

제안, 그리고 아이디어

거실공부를 진행하다보면 아이디어들이 샘솟는다. 물론 다음에 적는 내용을 모두 시도해 보지는 못했다는 것을 미리 밝힌다. 단순한 아이디어인 것도 있어서 현실적인 문제도 발생할 수 있을 것이다. 하지만 충분히 가능하고, 충분한 가치가 있는 것들이다.

가족 신문, 가족 문집, 가족 블로그를 만들어보자

이런 것은 주로 방학숙제로 나온다. 지금껏 자발적으로 한 기억이 도무지 없다. 그러니 그것이 아주 중요하고 가치 있는 일이었더라도 늘 쫓기듯이, 억지로 만들었던 아픈 기억뿐이다.

이제는 자발적으로, 기쁜 마음으로, 능동적으로 가족 신문이나 매거진, 문집을 만들어 보자. 월간도 좋고, 계간도 좋고, 연간도 좋다. 정기적인 우리 집만의 문집을 만드는 것은 재미있을 뿐만 아니라 나름대로의 가치도 있다. 자료는 충분하다. 아이들이 쓴 독후감이나 글 중에서 잘 된 것, 집안의 각종 대소사들에 대한 기사, 여행에서 찍은 사진들을 모아서 신문이나 잡지로 엮어 보자. 한 쉰 여 권 정도 만들어서 친척들에게도 돌리자.

이때에는 약간 어설프더라도 아이들이 직접 할 수 있도록 기다려 주고, 스스로 하도록 내버려두라. 혹 책 만들기가 부담스럽다면 가족 블로그라도 괜찮다. 그렇게 해서 차곡차곡 쌓이게 되는 가족들만의 기록은 또 다른 보물이 된다. 더 늦기 전에 시작해 보자.

가족 박물관을 만들어보자

보통 엄마들은 무조건 버린다. 집안이 좀 깔끔했으면 하는 바람으로 버리고 또 버린다. 그렇게 해서 집안은 깔끔해졌겠지만 그렇게 버려진 것들은 우리 집안의 역사일지도 모른다.

우리 사회가 그렇다. 우리나라의 전통 가옥이 그렇게 아름다운 선을 가지고 있었는지 몰랐다. 기와집의 선, 초가집의 선, 담벼락의 선. 그런 전통 가옥들이 모여 있는 서울의 북촌이나, 경주 고도, 민속촌을 둘러보노라면 감격스럽기까지 하다. 그런데 지금 거리를 채우고 있는 것은 직사각형의 무미건조한 건물, 별 의미 없는 도형, 디자인이라고도 할 수 없는 이상한 기념 조형물이 대부분이다. 우리 것을 하찮게 여긴 결과다. 새마을 운동은 좋았으나 왜 운치가 가득한 전통 가옥들을 부수고 인정머리 없어 보이는 시멘트벽에 슬래브 지붕을 올렸던가.

이제 우리 집, 우리 가문의 역사를 고스란히 갖고 있는 것들에 의미를 부여 하자. 할아버지의 오래 된 손목시계, 할머니가 사용했던 재봉틀, 낡은 사진첩, 그 속에 다 헤어진 흑백사진, 액자, 110볼트 다리미, 아이들이 유치원 때 만들었던 작품들… 그 모든 것들이 전부 역사다. 햇

볕이 잘 들지 않고 통풍이 잘 되는 곳에 진열장을 마련하고 전시해 보자.(위스키병이나 골프대회 트로피나 어느 나라 건지 모르는 이상한 도자기류의 장식품은 이제 치워버리자.) 이름 하여 '우리 집 역사박물관'이다. 의미는 부여하기 나름이다. 의미를 부여하지 않으면 완전 쓰레기에 불과하다. 그 의미는 부모가 만들어야 한다.

조부모의 전기를 만들어보자

아이들이 대뜸 나의 할아버지나 할머니에 대해 물어보면 아는 게 별로 없다는 것을 느낀다. 어떤 삶을 살았는지, 그때는 어떠한 사회였는지, 어떤 학교를 나오고 어떤 일을 하였는지, 언제 우리 아버지를, 우리 삼촌들을 낳았는지, 그들의 고민이 무엇이었는지…. 지금 생각해보면 너무 무심했다는 후회가 된다. 아이들에게 해 줄 이야기가 도무지 없다. 그래서 더 늦기 전에 우리 아이들의 할아버지, 할머니의 인생에 대해 알게 하자는 것이다. 그분들을 인터뷰하고, 그분들의 삶을 연대별로 정리해서 하나의 전기를 만들어 보면 어떨까. 그것 또한 귀한 역사자료가 된다. 책장 두 칸을 다 차지하는 열 두 권의 족보세트보다 더 값질 것이다.

e p i l o g u e

이 거실을 기억하기를…

인사성 밝은 것 빼고는 뭐 하나 딱히 내세울 것이 없었던 우리 아이들은 현재 고등학생과 중학생으로 성장했다. 학교성적이 남들보다 아주 뛰어나지는 않지만, 대신 자신의 길을 아주 확실히 찾아가고 있는 중이다. 이것이 '거실공부'의 또 다른 사이드 이펙트인지는 잘 모르겠다.

첫째는 예술 고등학교로 진학하여 미술을 전공하고 있다. 하루 종일 그림 그리는 것을 제일 행복해 하는 그 아이에게는 최고의 선택이었다. 학교가 조금 멀어서 아침 6시에 일어나야 하지만 학교 가는 길이 그렇게 신나 보일 수가 없다.

둘째는 글을 쓴다. 소위 작가 지망생이다. 소설도 쓰고 시도 쓴다. 아빠인 내가 볼 때는 꽤 괜찮게 쓰는 것 같다. 모그룹에서 주최하는 전국 청소년 문학상 본선에도 올라서 캠프에 다녀오기도 했고, 현재는 시교육청에서 운영하는 문예창작 영재원에서 전문적으로 훈련을 받고 있는 중이다. 둘째와는 꽤 많은 이야기를 나누고 있다. 글 쓰는 일을 직업으로 삼는 것에 대한, 부모의 노파심 때문일 것이다.

명문대를 나와도 직업을 구하지 못하는 시대다. 저 성장기, 장기적 침

체기라는 용어가 우리 아이들의 미래에 드리워져 있다. 서울대를 졸업한 수재가 9급 공무원 시험을 치는 사회, 수많은 명문대 석·박사학위 소지자들이 실업자인 시대다. 그리고 나는 우리 아이들에게 이렇게 하면, 혹은 저렇게 하면 성공할 것이라고 감히 말해주지 못하는 못난 아빠다.

하지만 동시에 기회의 시대일 수도 있다고 생각한다. 저렴한 고성능의 디지털 기기가 전 세계를 아우르는 네트워크로 연결되어 있는 시대이다. 즉, 자신의 콘텐츠만 좋으면 국경이나, 환경, 공간, 재정적인 한계가 무의미하다는 의미다. 그래서 아이들에게 이렇게 강조하고 있는 중이다. "남이 만든 콘텐츠에 현혹되지 말고, 네 스스로 콘텐츠를 만들라."고 "미래는 콘텐츠의 싸움이 될 것"이라고.

하지만 그래도 여전히 나는 우리 아이들의 미래가 어떻게 될지는 모르겠다. 여전히 불안하고 두렵다. 모든 부모들의 자연스러운 심리상태가 아니겠는가. 확실한 것이 있다면, 아이들은 성장한다는 것이고 나는, 늙어 간다는 것이다.
미래가 어떠하든, 아이들의 상황이 어떠하든 상관없이 부모는 기도할 수밖에 없는 사람들이다. 부모는 떠나야 하지만 이 땅은, 이 사회는, 이 나라는 우리 아이들이 계속 호흡하며 살아야 할 곳이기 때문이다. 부디 우리 아이들의 건강한 노력이 헛되지 않도록, 당장의 현실은 힘들지라도, 꿈과 미래를 포기하지 않도록 만들어주는 그런 건강하고 좋은 나라가 되었으면 한다.

마지막 바람이 있다면, 우리 아이들이 아주 많은 시간이 흐른 후에도,

그리고 내가 이 세상에서 사라진 후에도, 아빠와 함께 공부하고 있는 지금 이 '거실'을 기억했으면 하는 것이다. 나와 참 많은 이야기를 했었다고, 나와 열심히 공부했었다고, 그리고 많은 것을 함께 했었다고, 그리고 그런 아빠가 참 보고 싶다고, 그렇게만 추억해 주었으면 좋겠다.

거실에서 아빠가

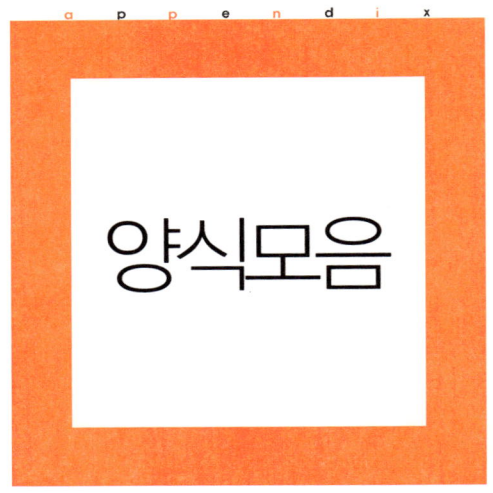

복사해서 쓰세요!

텀플래너 위클리플랜

학년   학기

교시/시간	월	화	수	목	금	토	일
07:00							
08:00							
09:00							
10:00							
11:00							
12:00							
13:00							
14:00							
15:00							
16:00							
17:00							
18:00							
19:00							
20:00							
21:00							
22:00							
23:00							
24:00							

• '자유'시간에 할 수 있는 것: 독서, 학교 및 학원숙제, 외출. 단, 게임은 금지

템플래너 데일리리뷰

월   일 (   )요일   ※학교수업 및 학원수업을 모두 적어요!

과목	수업내용(페이지 또는 단원명) ※가능한 상세히 적으시오.	숙제/ 마감일	직후 복습	그날 복습	확인

템플래너 데일리리뷰

월   일 (   )요일

스스로숙제 점검표

*스스로 정한 매일의 목표를 채워갑니다!

항목	계획	확인

타임라인

시간	공부한 내용/한 일	누적공부시간

오늘 반성

샘플래너 **샘캘린더**

일	월	화	수	목	금	토

학교시험일정

일시	시험과목

샘플 래너 **섬테이블**

*과목별 시험범위, 공부교재, 진행현황을 작성합니다. *수시로 체크하면서 시험대비현황을 점검합니다.

과목	시험범위	공부교재	달성도							목표
			1/3	2/3	1회	2회	3회	4회	완벽	

샘플래너 샘데일리

월   일 (   )요일

공부계획

과목	공부할 내용	확인

타임라인

시간	공부한 내용/한 일	누적공부시간

오늘 반성

학기와 방학을 연계하는 장기적 학습계획표

학년	1학기	여름방학	2학기	겨울방학
초3				
초4				
초5				
초6				
중1				
중2				
중3				
고1				
고2				
고3				

방학플래너 **방학위클리**　　　　　　　학년　　방학

시간	월	화	수	목	금	토	일
9:00							
10:00							
11:00							
12:00							
13:00							
14:00							
15:00							
16:00							
17:00							
18:00							
19:00							
20:00							
21:00							
22:00							
23:00							
24:00							

※자유시간: 독서, 학원숙제, 방학숙제, 외출, 게임은 안 됨

방학플래너 **방학미션**

항목	달성도				
	1주 ☐☐☐☐☐☐	2주 ☐☐☐☐☐☐	3주 ☐☐☐☐☐☐	4주 ☐☐☐☐☐☐	5주 ☐☐☐☐☐☐

방학시작일 ___월 ___일 - 개학일 ___월 ___일

방학플래너 **방학데일리**

월　일　요일

오늘 미션

과목	공부할 내용	확인

타임 라인

시간	공부한 내용/한 일	누적공부시간

오늘 반성